信長が見た戦国京都

城塞に囲まれた異貌の都

河内将芳

法藏館文庫

本書は二〇一〇年八月二一日、洋泉社より刊行された。
文庫化にあたって一部文章を改め、「略年表」を追加した。

はじめに　「異形」の者たちの上洛

戦国時代も終わりにさしかかろうとしていた永禄《えいろく》二年（一五五九）二月、ひとりの青年がはるばる上洛（上京）してきた。当時、上総介《かずさのすけ》と名乗っていた若き日の織田信長である。

このとき、信長、数えで二十六歳。信頼できる信長の伝記として知られる『信長公記《しんちょうこうき》』（『信長記』）首巻《しゅかん》によれば、「上総介殿、御上洛の儀にわかに仰《おお》せ出《い》だされ」とあるので、急な上洛だったようである。そのこともあって、「御伴衆八十人」と供の数も多いとはいえなかった。

永禄二年といえば、信長の名を知らしめた、かの桶狭間《おけはざま》の戦いの前年にあたる。そのため、京都でもそれほど名のとおった人物ではなかったのであろう。それを裏づけるように、京都の公家や僧侶たちの日記にも、このときの上洛についてはさほど目立った書き方がなされていない。

そのようななか、興味深い記事を伝えているのが、公家の山科言継《やましなときつぐ》の日記『言継卿記《ときつぐきょうき》』

二月二日条の記事である。そこには、次のように記されている。

尾州《びしゅう》より織田上総介上洛すと云々、五百ばかりと云々、異形のもの多しと云々、

〈尾張《おわりのくに》国より織田上総介信長が上洛したということだ。その集団は五百人ばかり、異形（怪しい姿）の者たちが多かったという。〉

「五百ばかり」とは、『信長公記』に見える供の数とはずいぶん食い違うが、そのことよりむしろここで目を引くのは、その者たちが「異形のもの」であったという点であろう。言継が、まだ無名に近かった信長の上洛のことを関心をもって日記に記したのも、このことがあったからに違いない。

もっとも、ここでいう「異形のもの」がどのような姿だったのかについてはさだかではない。ただ、「異形」という言葉がよい意味で使われることはこの当時ほとんど考えられないので、京都の人びとの目からすれば、奇異な格好の集団に見えたのであろう。

しかし、その「異形のもの」たちが、これからわずか九年後の永禄十一年（一五六八）に今度は大軍でもって再び上洛してこようとは、言継をはじめとした京都の人びともこのときはまだ夢にも思っていなかったに違いない。

本書は、この永禄二年に信長が目にした、あるいはそれから九年後の永禄十一年以降、本能寺《ほんのうじ》の変で亡くなる天正《てんしょう》十年（一五八二）までに目にすることになる戦国時代の京都について、信長の目と京都の人びとの目をとおして、できるかぎりわかりやすく紹介しようとするものである。

ここでいう京都の人びととは、具体的には、公家や僧侶（神官も含む）、あるいは町人など当時の住人たちを想定している。ただし、このうち町人は、江戸時代以降の町人と比べて、それほどまだ文字を読んだり書いたりする機会が多くなかったため、彼らの手で書かれたものというのはあまり残されていない。

したがって、この時期の町人の動きやようすについては、公家や僧侶といった当時の知識人によって書かれたものをとおして見ることになる。同様に、信長がこの時期の京都をどのように見ていたのかという史料も残されていない以上、これについても、公家や僧侶が書いたものをとおして見ることになろう。

なお、戦国時代の京都では、キリスト教を布教するため来日していたイエズス会（耶蘇《やそ》会《かい》）の宣教師たちも活動を展開していた。彼らは、その布教を進めていくにあたって数多くの手紙や報告書を残したことで知られており、そのなかには京都のようすや信長についてふれられているものも少なくない。そこで、本書では、それらもあわせて見ていきたいと思う。

ところで、信長が目にした戦国時代の京都と現在の京都では、その範囲や姿がまったく異なるということについては案外知られていないように思われる。じつは戦国時代の京都は、信長の事業を継承した豊臣秀吉（羽柴秀吉）によって大きく変化を遂げさせられた。具体的には秀吉は、かつての平安京の中心であった大内裏《だいだいり》（平安宮《へいあんきゅう》）の跡地（内野《うちの》）に聚楽第《じゅらくてい》を築き、その周辺に大名屋敷を配置したうえ、京都全体を御土居《おどい》（御土居堀）と呼ばれる巨大な土塁と堀で取り囲み、数多くの寺院も移動させて、京都を城下町（近世城下町）にしたことが知られているからである。

京都といえば、千年の都というイメージが強く、平安京のかたちがそのまま受け継がれてきたかのように思っている人も少なくない。しかし、実際は、現在の京都はこの秀吉の時代にその原型がつくられたといったほうがよい。したがって、現在の京都から信長が見た戦国時代の京都のようすをたどることはかなりむずかしいといわざるをえない。

ただ、幸いなことに戦国時代の京都には、そのようすを描いた洛中洛外図屛風《らくちゅうらくがいずびょうぶ》（初期洛中洛外図屛風）と呼ばれる絵画史料（資料）が残されている。また、現在の京都の地名のなかにも戦国時代にさかのぼれるものも少なくない。これらと『言継卿記』のような当時の人びとによって書かれた文献史料（古文書や古記録）を重ねあわせることで、失われた戦国時代の京都に迫ることが可能となろう。

このようなわけで、本書では、先に見た『言継卿記』のようなかたちで、要所要所で文献史料を読み下したかたちで引用し、そのあとに〈 〉で現代語訳をつけながら、説明を加えていくことになる（イエズス会宣教師の手紙などは翻訳されたものをそのまま引用する）。少しわずらわしいように思われるかもしれないが、なるべく当時の雰囲気を史料をとおして味わいつつ、戦国時代の京都のイメージを頭のなかでふくらませていただければ幸いに思う。

また、本書は、どちらかといえば、これまでの研究があきらかにしてきた内容、とりわけ飛躍的な進展を見せた一九八〇年代以降の研究成果を紹介することに重心をおき、そこに著者自身が勉強してきた内容（『中世京都の民衆と社会』『中世京都の都市と宗教』など）を加えていくというスタイルをとっている。

よって、本来なら、必要なところすべてに注をつけて、それらの研究成果の所在をあきらかにしておく必要がある。しかし、本書のようなかたちではおのずと限界や制約があるため、苦肉の策として、できるかぎり巻末に参考文献として一覧できるようにした。研究者の方々へはご理解をお願いするとともに、本書を読んで興味をもった読者のみなさんにはぜひおのおのの研究成果に直接ふれていただきたいと思う。

ところで、その一九八〇年代以降に進展を見せた研究の内容について、あらかじめその概要を紹介しておくと、おおよそ次のような三点に絞ることができよう。

まず一点目としては、おもに建築史や美術史からのアプローチによって戦国時代の京都の空間が具体的にあきらかにされたことがあげられる。

一般に文献史料には、それを記した人びとにとってごくあたりまえのことは書かれないという弱点がある。しかし、絵画史料などには、それらが逆にしっかりと描かれていることも少なくない。そのことに改めて注目することによって、これまで気づかれてこなかった数多くの事実があきらかになってきた。本書では、この点についておもに第一章でふれたいと思う。

ついで二点目としては、町人の社会集団、共同体としての町《ちょう》やその自治に関する評価の変化があげられる。

かつては、戦国時代の京都における町や自治といえば、権力に抵抗する「町衆《まちしゅう》」のイメージをとおして手放しに高い評価がなされていた。そして、その裏返しとして、信長による支配を、それらを押しつぶす強圧的なものと説明されることも少なくなかった。しかし、実際はそうではないことがあきらかにされるとともに、町やその自治の実態についてもより具体的なことがつまびらかとなってきた。本書では、この点についておもに第二章でふれたいと思う。

さらに三点目としては、信長と宗教や寺院との関係、あるいは町と宗教や信仰といった関係について、その見方が大きく変化したことがあげられる。

これも、以前は当然のごとく、信長と宗教や寺院とは対立するものとして説明されることが多かった。しかし、その実態をたどってみると、必ずしもそうではなく、一定の経過を経てそのようになっていく部分もあることがあきらかとなった。同様に、町と宗教や信仰の関係、とりわけ日蓮宗《にちれんしゅう》（法華宗《ほっけしゅう》）信仰との関係についても、かつてはあたかも一体のようにとらえられていたが、それも史料に即してみるとそうではないことがあきらかとなってきた。本書では、この点についておもに第三章でふれたいと思う。

このようにしてみるとわかるように、一九八〇年代以降の研究成果というのは、それ以前の研究とくらべて、より史料に即して実態を明らかにしてきたところに特徴が見られる。よって本書でも、できるだけ具体的な史料に即しながらその成果を紹介することができればと思う。

そして、それらをふまえて、第四章と終章では、信長と京都の関係について、おもに京都の人びとの視点に立って見ていきたいと思う。もし本書に多少なりともオリジナルなところが見られるとするなら、おそらくそれはこれまで信長のことを京都という定点からこだわって見ることがあまりなされてこなかったことにあるのかもしれない。

それでは、さっそく本題のほうへと進んでいきたいと思うが、その前に信長が上洛してくる直前の京都をめぐる政治情勢や京都の人びと、とりわけ町人の動向について簡単にふれておくことにしよう。

よく知られているように、応仁・文明の乱以降、中央政権であると同時に京都をその支配下においていた室町幕府の力は急速に衰えていく。しかし、それでもなお室町幕府は、京都をはじめとした畿内近国に対してその影響力を及ぼし続けた。

もっとも、戦国時代にあっては幕府内の求心力は、つねに将軍家である足利氏にあるとは限らなかった。有力守護家である細川氏や、あるいはその被官《ひかん》（家臣）である三好氏に移ることも少なくはなかったからである。しかも時期を追うにつれ足利氏も細川氏もおのおの家督をめぐる争いが激化していったため、ともに京都に安住することすらかなわない状況に陥っていた。

冒頭にふれた永禄二年という年もまたそのさなかにあったが、ただこの年は前年の永禄元年（一五五八）に将軍足利義輝《よしてる》とこの間畿内近国を実効支配していた三好長慶《ながよし》とのあいだで和睦《わぼく》が成立したため、久方ぶりに帰京した義輝のもと政情は安定を見せようとしていた。

ところが、それからわずか七年後の永禄八年（一五六五）に義輝は、長慶の被官であった三好三人衆と松永氏によって襲撃され、命を落とすことになる。そればかりか、三好三人衆と松永氏とのあいだで争いが始まり、政情は混乱を増すばかりとなっていた。

このように応仁・文明の乱以降、京都をめぐる政治情勢は混乱と迷走を繰り返すことになったが、そのようななか、京都に住む町人たちは、この困難な時代を生き抜くためにさまざまな動きを見せていた。たとえば、自衛のために堀や土塁、木戸門などといった防御施設を構築したり、あるいはまた自治組織へと発展していく町《ちょう》などの社会集団、共同体を形成したりなどである。

じつは永禄二年ころというのは、それらの動きが急速に整備され、目に見えるかたちになりつつある時期でもあった。永禄二年に上洛した信長も当然、そのようすを目にすることになったと思われるが、それでは、それは具体的にはどのようなものだったのだろうか。まずはこのあたりのようすをながめることから本書を始めることにしよう。

目次

地図作成――オゾングラフィックス

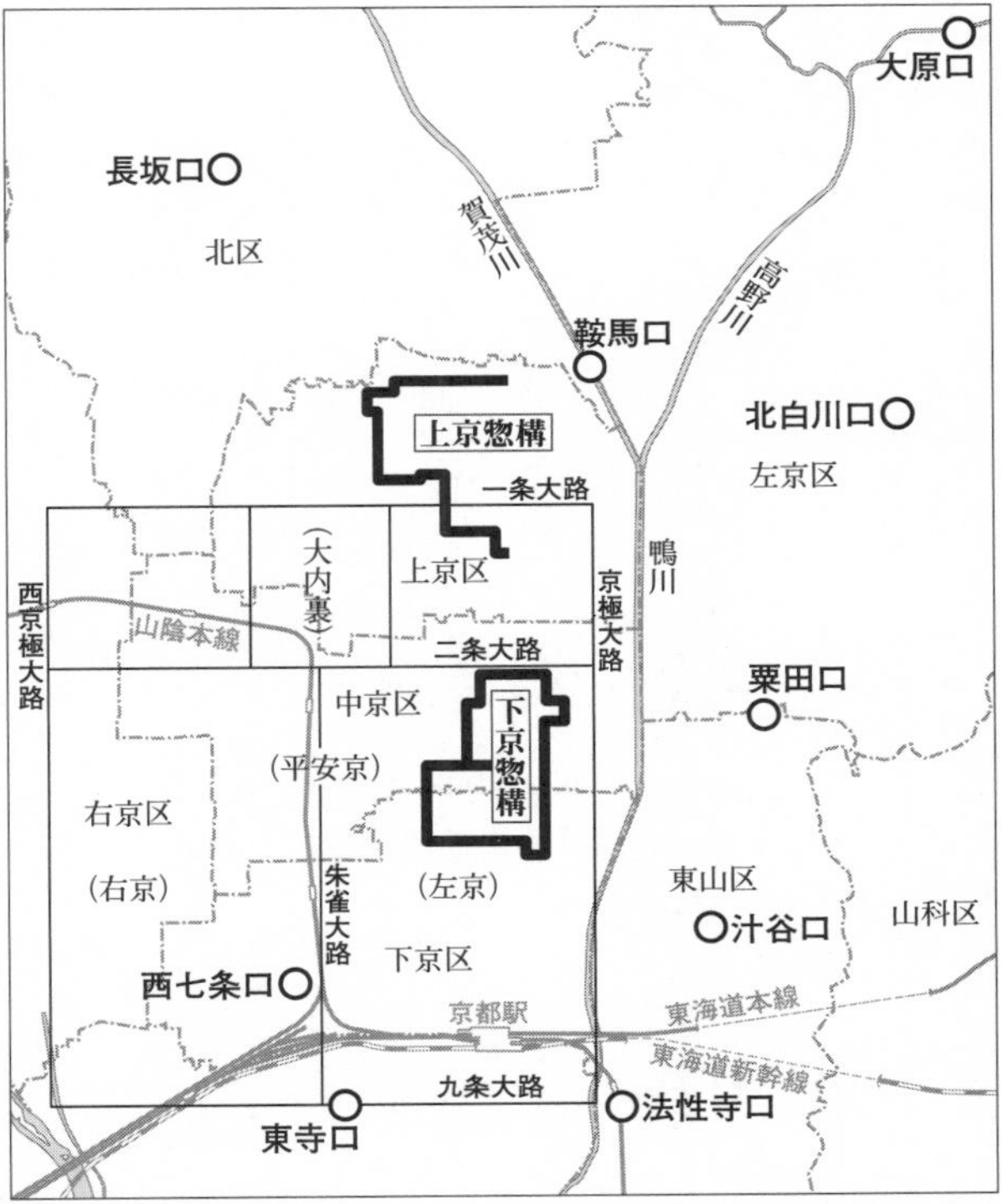

地図１：現在の京都市の地図上に、戦国時代の京都を意味する上京・下京と平安京を示したもの。戦国時代の京都が現在の京都に比べて、また平安京に比べて、いかに小さく狭いものであったかがわかる。なお、周辺にあるのが戦国時代の京都の出入り口にあたる「京都七口」

信長が見た戦国京都——城塞に囲まれた異貌の都

第一章　若き信長と城塞都市京都

1　上京・下京と洛中洛外

信長の「御宿」

『信長公記《しんちょうこうき》』首巻《しゅかん》によれば、信長は永禄《えいろく》二年（一五五九）二月に上洛した際、「室町通り上京《かみぎょう》うら辻」というところに「御宿」をとったという。『信長公記』以外の史料には、このことが見えないので、信用してもよいのか判断に迷うところだが、ここではとりあえずそれが当時の京都のどこにあたるのかについて探ることから始めよう。

まず、最初の「室町通り」とは、平安京では室町小路《むろまちこうじ》と呼ばれた南北に通る縦（竪）の街路を意味する。現在も永禄二年のときと同じ室町通りの名が使われており、同じ道をたどることができるが、現代の地図では、京都市営地下鉄の烏丸《からすま》線が通る烏丸通りの一本西にあたる道といったほうがわかりやすいのかもしれない。

もっとも、中世の京都においては、この室町通りはメインストリートのひとつとして知られていた。そのことは、たとえば、室町幕府の三代将軍足利義満《よしみつ》が造営した花御所《はなのごしょ》の正門（四足門《よつあしもん》）がこの室町通りに面して建てられ、そのため花御所を室町殿《むろまちどの》といい、また義満以降の幕府自体も室町幕府と呼ばれるようになったことからもわかる。

じつは「うら辻」というのも、この花御所（室町殿）の正門の前に建てられた「裏築《うらつい》地《じ》」という塀が地名となったものである。永禄二年ごろであれば、「裏築地町《ちょう》」と呼ばれていたはずであり、現在でもそのままの町名が残されている。

したがって、信長はこの裏築地町のどこかに「御宿」をとったことになるわけだが、そうすると、信長は将軍の御所である花御所の近くに宿をとったかのように思ってしまうかもしれない。しかし、永禄二年ごろにはこの地に将軍御所は存在しなかった。

この点については、のちにもくわしくふれたいと思うが、仮にそれにふれなくとも、このとき一帯が裏築地町という町場になっていることからも、すでに将軍御所がこの地になかったことが知られよう。

したがって、信長はこの裏築地町内にあった町人の町屋《まちや》か屋敷を「御宿」にしたと考えられる。なぜそのように考えられるのかといえば、一般に中世の京都へ上洛してくる侍や軍勢は、京都に自前の屋敷や宿所をもっている場合を除き、その多くが寺院や公家屋敷、あるいは町屋に寄宿したからである。

もちろん、裏築地町に旅宿《りょしゅく》（旅籠《はたご》）のようなものがあった可能性もないわけではないが、信長の場合もまた寄宿であったと考えたほうが自然であろう。

裏築地町に寄宿

ここで注意しておかねばならないのは、中世でいうところの寄宿とは一種の強制的な接収であり、けっして歓迎されるものではなかった点である。

たとえば、そのことはイエズス会宣教師が次のように伝えていることからもわかる（『耶蘇《やそ》会士《かいし》日本通信』）。

彼（内藤ジョアン）は、妙蓮寺《みょうれんじ》と称する法華宗《ほっけしゅう》の大なる僧院に宿泊せしが、坊主らは兵士が堂を廐《うまや》となし、また兵士の僧院に宿泊するに際しては、常におこなう他の乱暴をなせしため、はなはだこれを喜ばざりき、

内藤ジョアン（如安）といえば、キリシタン武士として宣教師のあいだでも知られた人物である。しかし、彼とその軍勢でさえ、寄宿した妙蓮寺では勝手に「堂を廐」にしたり、またさまざまな「乱暴」行為をおこない、「喜ばざりき」状態だったことがわかる。

もっとも、これは内藤ジョアンだけの問題ではなく、むしろ日常的な光景であった。そ

のため、中世では、「寄宿免許」（寄宿免除）といって、「ある家に何人をも宿泊せしめないでもよろしいという特別免許」（『日葡《にっぽ》辞書』）が認められたことも知られている。したがって、寄宿されそうな寺院や町などでは、あらかじめ軍勢側と交渉をおこない、金銭を支払って、この寄宿免許を文書《もんじょ》で獲得することもまた日常的なことであった。

ところで、寺院に寄宿する侍や軍勢というのは、ふつうに考えれば、それ相当の人数であったと思われる。ところが信長の場合、最後に命を落とすことになる本能寺《ほんのうじ》でさえ、その供すべてが寄宿してはいなかった。

たとえば、その一部は、「湯浅甚介《ゆあさじんすけ》・小倉松寿《おぐらまつじゅ》、この両人は町の宿にてこの由をうけたまわり、敵のなかに交じり入り、本能寺へ懸けこみ討ち死に」（『信長公記』巻十五）というように、本能寺周辺の町屋に寄宿していたことが知られている。

このことから推しても、わずか「御伴衆八十人」で上洛してきた永禄二年のときの信長たちは、寺院ではなく、裏築地町の複数の町屋に分かれて寄宿したと考えるのがやはり妥当といえよう。

狭かった中世京都

信長が「御宿」をとった「室町通り上京うら辻」のうち、「室町通り」と「うら辻」については、これで多少なりともあきらかになってきたと思うが、それでは残る「上京」とは何を意味しているのだろうか。じつは、この「上京」の意味するところを説明していくことが本章の主題ともいえる。よって、ここからは若干時代をさかのぼりつつ、くわしく見ていくことにしよう。

ところで、現在の京都、あるいは戦国時代の京都の原型が平安京にあることについて異論をはさむ人は、おそらくいないであろう。平安京は、古代の法典として知られる『延喜《えんぎ》式《しき》』によれば、「南北一千七百五十三丈《じょう》」（約五・二キロメートル）、「東西一千五百八丈」（約四・五キロメートル）の縦長の長方形をしており、中央の南北街路である朱雀大路《すざくおおじ》を境に左京《さきょう》（東京《ひがしのきょう》）と右京《うきょう》（西京《にしのきょう》）のふたつに分かれていた（地図1）。

この左京・右京のふたつの都市域が現在にいたる京都の原型にあたるわけだが、しかし、実際のところ、戦国時代を含めた中世の京都は、これよりさらに狭い範囲に限定されるものであった。

なぜそのようになったのかといえば、それは、すでに平安時代の中ごろから、左京と右京に分かれていた都市域のうち、西側の右京がしだいに都市域として利用されなくなり、人びとが東側の左京に集住するようになったことによる。

そのことは、たとえば、当時のようすを伝える慶滋保胤《よししげのやすたね》の記録『池亭記《ちていき》』に見える、次のような記事からも読みとることができよう。

東西二京をあまねくみるに、西京は人家ようやくに稀にして、ほとほとに幽墟《ゆうきょ》にちかし、人は去ることありても来ることなく、（略）東京四条《しじょう》以北《いほく》、乾《いぬい》・艮《うしとら》の二方は、人びと貴賤となく、多く群聚《ぐんしゅう》するところなり、

〈平安京の東京（左京）と西京（右京）の二京をながめてみると、西京は人家がしだいに少なくなり、ほとんど廃墟となりつつある。だから、人が去っていくことはあっても来ることはない、（略）一方、東京では、東西に通る横の街路である四条大路より北側に人びとが身分の上下を問わず数多く群がり集まり住むようになっている。〉

『池亭記』が伝えるように、実際に右京が「幽墟」にまでなっていたのかどうかについては検討が求められるが、ここに見える「東京四条以北」といえば、現在の京都でもとりわけ繁華な市街地と重なり合う。したがって、平安時代中ごろの状況というのは現代の京都にも引き継がれているといえるのかもしれない。

また、このころには、天皇の住まいである内裏《だいり》（皇居）もたびかさなる火災によって、本来そこになければならない大内裏《だいだいり》（平安宮《へいあんきゅう》）から離れて、「東京四条以北」の貴族の邸

宅を里内裏《さとだいり》として利用するようになり始めていた。おそらくそのことも、左京への人びとの集住を加速させることになったのであろう。

ちなみに、永禄二年に信長が上洛したときの内裏も、土御門《つちみかど》内裏（土御門東洞院《ひがしのとういん》内裏）という里内裏に系譜を引くもので、それはそのまま現在の京都御所にまで引き継がれている。

左京から上京・下京へ

いずれにしてもこのように、平安京は早い段階から東西二京のうちの半分にあたる左京を中心に都市としての発展を見せることになったが、その都市域は時代を経るにつれ、さらに狭く小さくなっていったと考えられている。

というのも、平安時代も後期になると、左京のなかでも、東西に通る横の街路である二条大路《にじょうおおじ》を境にして北側を「上辺《かみわたり》」（「上渡り」）、そして南側を「下辺《しもわたり》」（「下渡り」）と呼ぶようになり、都市域がさらに南北ふたつに分かれていったようすが史料からも読みとれるようになるからである（『中右記《ちゅうゆうき》』長治三年正月二十三日条、『今昔物語集』巻二十九ほか）。

京都では、現在でも北行することを「上《あが》ル」といい、南行することを「下《さが》ル」という。このような言い方がいつまでさかのぼれるのかについてはさだかではないものの、それが、上辺・下辺の「上」「下」と通じるものであることは間違いないだろう。

この上辺・下辺という呼び方は、その後、室町時代まで使われることになるが、そのころになるとこれと並行して新たな呼び方も登場してくるようになる。そして、戦国時代に入ると、上辺・下辺はしだいに使われなくなり、新たな呼び方のほうだけが使われるようになった。

それが、上京《かみぎょう》と下京《しもぎょう》というものである。永禄二年に信長が「御宿」をとった「室町通り上京うら辻」という地名に見える「上京」とは、この上京を意味した。

もっとも、ここで注意しておく必要があるのは、上辺・下辺と戦国時代に一般化する上京・下京とのあいだには、たんなる呼び方の違い以上の変化が見られたという点である。その背景には、都市域のさらなる変化があったが、そのことをわかりやすく伝えているのが、イエズス会宣教師によって書かれた『日本教会史』に見える、次のような記事である。


最初あった南北三十八の道路の中で、上京と下京の二つの市区に分かれていた両区がたがいに続いているのは南北に通ずる中央の道路ただ一つだけとなり、横の道路三十八の中でもごく少数しか残っていなかった。

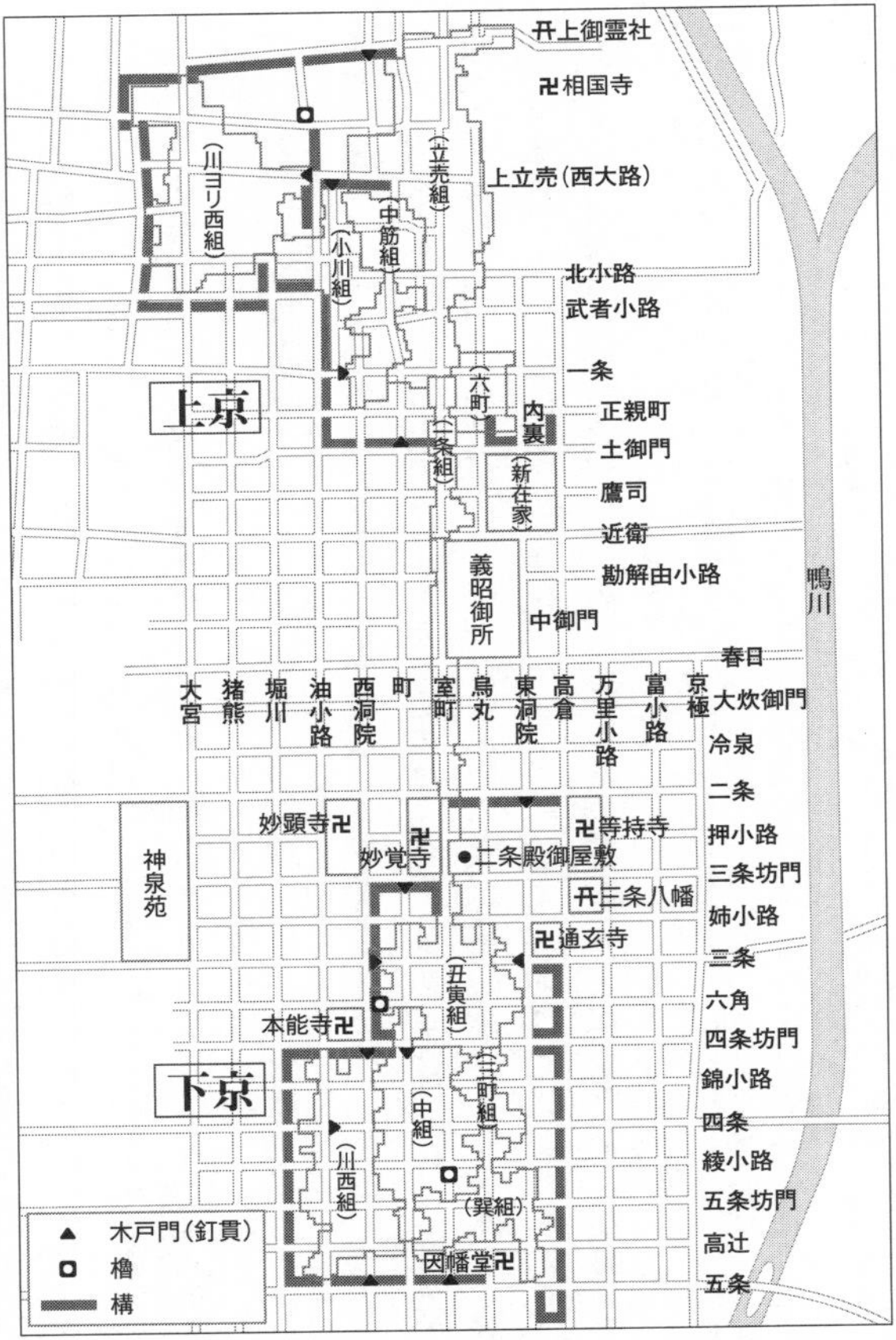

地図２：応仁・文明の乱後の上京・下京（高橋康夫『京都中世都市史研究』所収の図をもとに作成）

ここからは、応仁・文明の乱以降、たびかさなる火災や兵火によって上京と下京の周辺にあった市街地が失われていったようすがうかがえる。また、このころになると、上京と下京とのあいだは、「南北に通ずる中央の道路ただ一つだけ」でつながっていたこともわかるが、じつはこの「道路」こそが室町通りであった。

内裏のすぐそばまで麦畑

要するに、戦国時代の京都とは、かつての左京の中の北のほうと南のほうに市街地が凝集され、そのあいだを室町通りが一筋だけ通るという、きわめて特異な景観を見せるものへと変貌していた。それでは、その周辺のかつて市街地であったところはどのようになっていたのであろうか。

この点については、戦国時代の連歌師《れんがし》宗長《そうちょう》が記した『宗長手記』という日記に見える、次の記事からそのようすを読みとることができる。

京を見わたしはべれば、上下の家、むかしの十が一もなし、ただ民屋《みんおく》の耕作業のてい、大裏《だいり》は五月《さつき》の麦のなか、あさましとも、申すにあまりあるべし、

〈京都を見渡してみると、上京のほうの家々も、また下京のほうの家々も昔の十分の

一にも及ばないほどに減っている。民家を見つけても、そこでは農作業がおこなわれているありさま。そのため、天皇の住まいである大裏（内裏）も五月の麦畑の中に浮かんでいるように見える。驚きのあまり言葉も出ない。〉

これは、大永《だいえい》六年（一五二六）ごろのようすを伝えたものであるが、ここからは、天皇の住まいである内裏のすぐそばまで麦畑が迫っていたことが知られる。つまり、かつての市街地には麦畑などの農地が広がっていたのであった。

戦国時代の連歌師といえば、旅から旅への毎日。宗長もまたこの年の二月に駿河国《するがのくに》を出て、はるばる上洛してきた。右の記事は、その宗長が京都の東側の出入り口のひとつとして知られる「粟田口《あわたぐち》」にたどりついたときのものである（地図1）。

これより先、大永二年（一五二二）・同四年（一五二四）の二度にわたって宗長は駿河国と京都を往復しているので、宗長にとっても初めて目にした光景ではなかったはずである。にもかかわらず、そのような宗長の目からしても戦国時代の京都の景観というのは、やはり特異なものとして映ったのであった。

このような景観は、じつは『宗長手記』のような文献史料だけではなく、戦国時代の京都を描いたことで知られる洛中洛外図屏風《らくちゅうらくがいずびょうぶ》でも確認することができる。たとえば、信長

図１：内裏のすぐそばに農地があることがわかる（『上杉本洛中洛外図屏風』米沢市上杉博物館蔵）

が上杉謙信《けんしん》に贈ったとされる『上杉本洛中洛外図屏風』をながめてみても、内裏のすぐ南側にまで広がる農地を目のあたりにすることができる。おそらくこれが、『宗長手記』の伝える「五月の麦」畑なのだろう。また、これ以外の場所をながめてみても、上京と下京の市街地のすぐかたわらにまで農地が広がっているようすを見てとることができる。

戦国時代の京都といえば、日本の首都であり、国内最大の都市でもあったので、建物が一面にぎっしりと建ち並んでいたと誰もが想像するに違いない。しかし実際はそうではなく、麦畑など農地のなかに上京と下京というふたつの市街地が浮かんでいるという、きわめて特異な景観を見せていたのであった。

おそらく信長もまた、このような姿を目にしたと考えられるが、それではそれはどのような経過をたどって登場してきたものだったのだろうか。ここでちょうど洛中洛外図屏風の話題が出てきたので、この「洛中洛外」という言葉を糸口に少し時代をさかのぼりつつ見ていくことにしよう。

洛中の範囲

まず、洛中洛外のうち、洛中とは平安京の「左京（東京）の中」を意味する。なぜ「左京の中」が「洛の中」なのか。それは、平安時代に左京（東京）と右京（西京）のおのおのに「唐名《とうみょう》」がつけられ、左京のことを「洛陽《らくよう》」、右京のことを「長安《ちょうあん》」といったことに由来する（『帝王編年記』）。「洛陽」の中だから、「洛中」というわけである。

ちなみに、先にもふれたように、平安京は早くに左京を中心に都市的な発展を見たので、本来「平安京の中」を意味する「京中」もまた洛中と同じものを意味するようになった。

それでは、洛中（京中）というのは、どこからどこまでの範囲を指していたのであろうか。これについては、鴨長明《かものちょうめい》が記した鎌倉時代の随筆『方丈記《ほうじょうき》』に「京のうち、一条よりは南、九条より北、京極《きょうごく》より西、朱雀《すざく》よりは東」とあるのが参考になろう。

ここに見える、北は一条（大路）、南は九条（大路）、東は京極（大路）、西は朱雀（大路）とは、そっくりそのまま平安京左京の範囲となる。つまり、鎌倉時代においてもなお、洛中と左京とはその範囲においてイコールの関係にあった（地図1）。

したがって、ここから逆に、洛外というのが洛中の範囲の外を意味することもわかるが、ただ鎌倉時代には、洛外という言葉よりも辺土《へんど》や辺地《へんち》のほうがよく使われていたと考えられている。同じく『方丈記』には、「河原《かわら》、白河《しらかわ》、西の京、もろもろの辺地」と見え、鴨《かも》川《がわ》の河原やそのさらに東側にあたる白河の地、そして西の京などが辺地であり、辺土であった。

かつての平安京の二京のうちの西の京（右京）までが辺土と考えられていたことには驚かされるが、それは裏返せば、平安時代・鎌倉時代を通じて京都を拠点としていた公家政権である朝廷にとっては、洛中こそが直接的な支配地であるとの認識がもたれていたことを表していよう。

辺土から洛外へ

ちなみに、辺土とは、農地や農村という意味ではけっしてない。たとえば、白河は、平安時代の後期、院政期に上皇（院）の御所や六勝寺《りくしょうじ》と呼ばれた巨大な寺院が建ち並ぶ市街地となっていたし、また、西の京も北野社《きたのしゃ》（北野天満宮）を中心とした独自の市街地を形成していたからである。

もっとも、鎌倉時代においては、洛中と辺土との違いはかなり強く意識されていたようである。たとえば、武家政権である鎌倉幕府の出先機関であった六波羅探題府《ろくはらたんだいふ》でさえ、洛中ではなく鴨川の東、「河東《かとう》」と呼ばれた辺土の地である六波羅におかれていたことが知られている。

六波羅といえば、現在でも六波羅蜜寺《みつじ》などがあることでもわかるように、洛中からさほど隔たったところとはいえない。しかし、「六波羅とても、都近きところ」（『太平記』巻九）といわれたように、いかに至近距離にあろうとも、六波羅は「都」ではなく、あくまで「都近き」辺土であった。そして、そのような辺土にしか武家は拠点を構えることができなかったのである。

このように、公家は洛中、武家は辺土という住み分けが鎌倉時代にはあったと考えられるわけだが、しかし、それも鎌倉幕府の滅亡、建武《けんむ》の新政、そして南北朝の内乱を経て、武家政権である室町幕府と公家政権である朝廷とが京都で併存する室町時代を迎えて、大きく変化せざるをえなくなる。将軍も守護も、そしてそれらの被官（家臣）たちもまた洛中に宿所《しゆくしよ》を構えるようになり、大量の侍たちが集住するようになったからである。

このようななか、足利義満《よしみつ》以降の幕府は、公家政権と武家政権とを統一した公武統一政権としての色彩を深めていく。そして、それにともなって洛中と辺土をあわせて支配する指向ももつようになっていった。

じつは、このような流れのなかで浮上してきたのが「洛中洛外」という言葉と考えられている。そして、それはそのまま室町時代・戦国時代の京都をも意味するようになっていった。洛中とともに、洛外もまた京都であるという認識がしだいに定着していったのである

洛中洛外と上京・下京の関係

それでは、このような意味での洛中洛外と上京・下京との関係というのは、どのようなものだったのだろうか。先にもふれたように、洛中の二条大路を境として北側が上京、そして南側が下京である以上、上京も下京も洛中のなかにあることはいうまでもない。

しかし実際には、室町時代の上京は洛中の範囲を超えていた。具体的には、洛中の北端であった一条大路よりも北に市街地が広がっていたからである。その背景としては、足利義満によって造営された花御所（室町殿）が一条大路より北におかれ、そして壮大な相国寺《しょうこくじ》もそれに隣接して創建されたことなどが関係しよう。

これにともなって、守護をはじめとした侍たちが花御所周辺に宿所をかまえるようになり、都市開発も進んで、武家の集住地といった様相を見せ始めたからである。もっとも、実際に花御所周辺が武家の集住地になっていったのは、義満のころより少し時代がくだって六代将軍足利義教《よしのり》のころと考えられている。

また義満が造営した花御所は、公家の菊亭《きくてい》家の屋敷と崇光《すこう》上皇の仙洞《せんとう》御所（花亭《かてい》とも呼ばれた）の跡地を利用したものだったので、厳密にいえば、それ以前より公家屋敷などが一条大路より北にあったことも見逃してはならないであろう。

ただ、それとともに、義満の言動のなかにも「京都の地《じ》のこと、公家《こうけ》の御はからいなり」（『後愚昧記《ごぐまいき》』永徳元年八月十二日条）というものが見え、洛中はあくまで公家＝朝廷が取り仕切る土地であるとの認識があったことには注意が必要である。なぜなら、ここから逆に、一条大路より北であれば洛外となり、ある程度自由に開発ができると見られていたからである。

いずれにしても室町時代には、上京は一条大路を越えて拡大していたことが知られるが、その一方で、洛中自体の範囲もまた、『方丈記』のときのままというわけにはいかなかった。たとえば『方丈記』のときには、洛中の西の端は朱雀大路とされていたが、室町時代ではそれより東側の大宮大路《おおみやおおじ》が境であるとの意識もみられたからである。

そのことを示す事例はいくつもあるが、なかでも神泉苑《しんせんえん》の東側の築地《ついじ》（築地塀）だけが室町時代においても修理が繰り返され、維持され続けていたという、近年あきらかにされた事実などは顕著な例としてあげられよう。

神泉苑といえば、平安京の禁苑《きんえん》（宮中の庭園）としてつくられ、規模を縮小しながらも現存していることで知られている。その神泉苑を囲んでいた築地のうち、東側の築地だけが室町時代になっても維持され続けたのは、この築地が大宮大路に面しており、それによって洛中の西の端をいわば象徴的に見せる効果も担っていたためであった（地図2）。

実際、「この築地破損は洛中衰微《すいび》」（『満済准后日記《まんさいじゅごうにっき》』永享《えいきょう》四年六月六日条）というように、境界としての築地を維持しなければ洛中も衰退するといった意識すら、室町時代には見られたのである。

中世京都の境界意識

ちなみに、このような意識というものに注目するなら、時代はややくだるものの、大宮大路よりさらに東のほうを境界と意識する場合もみられた。たとえば、それは次のような史料（『山科家礼記《やましなけらいき》』長享《ちょうきょう》三年三月三十日条）からも読みとれる。

一条より室町殿の輿ばかり、等持院《とうじいん》なり、一条にて、御台《みだい》、御輿の内にて、声も惜しまずむずかりけり、

〈一条室町（一条大路と室町小路の交差点）より西へは室町殿（九代将軍足利義尚《よしひさ》）の遺体を乗せた輿だけが菩提寺の等持院へと向かった。しかし、ここより西へは、御台（母の日野富子）は一緒に行くことができない。そのため、輿のなかで声も惜しまず泣きじゃくった。〉

ここで登場してくる足利義尚（義熙《よしひろ》）といえば、その誕生が応仁・文明の乱のきっかけのひとつになったことでも知られる人物である。ところが、近江の六角高頼《ろっかくたかより》討伐のさなか、わずか二十五歳で病没してしまった。この史料は、その義尚の遺体を乗せた輿が近江から京都へ帰陣し、そのまま茶毘《だび》にふされるため菩提寺の等持院へと向かうようすを伝えたものである。

愛する息子を失った日野富子は、行列を仕立てて義尚の遺体を乗せた輿を先導し一条室町までやってきた。ところが、ここより西は死者の世界とでも考えられていたのであろう、生者である富子は先に進めなかったことが読みとれる。

一条室町といえば、上京のなかでも中心部といってもよいところである（地図2）。に

もかかわらず、このとき、ここが境界と意識されたのは、おそらく一条大路との交差点であったからだろう。また、この場合の境界が線ではなく、点として意識されていたことも読みとれる。

いずれにしても、ここからは、中世京都の境界が物理的な境界にとどまらず、民俗的な境界としての色彩も帯びていたようすがうかがえよう。

このように、洛中の境界すら、ときに変化を見せていたのは、元をたどれば、平安京自体が大陸の都城のように全体を取り囲み、内部と外部を遮断するような城壁をもたなかったことに由来する。とともに、もともと日本人の境界意識があいまいで、境界を線（境界線）だけではなく、点（境界点）として認識していたこともやはり無関係ではないだろう。

京都七口と関

じつは、このような境界意識にかかわって注目されるのが、京都の出入り口として知られる京都七口《ななくち》の存在である（地図1）。

先にもふれた粟田口などもそのひとつにあたるが、ただ七口とはいうものの、実際には七つ以上あるのが特徴である。また「七口」という言葉自体が室町時代以降にしか登場してこない点も特徴といえる。

ちなみに、七口の七とは、次の史料（『碧山日録《へきざんにちろく》』長禄《ちょうろく》三年九月七日条）に見えるように、京都へ入ってくる道が七つあることに由来した。

伊勢の大廟《たいびょう》を改造せんがため、安城《あんじょう》の七路《しちろ》諸州より京に入るの路、その数七なり、に前月廿一《にじゅういち》日、おのおの一関を置く、

〈伊勢の大廟（伊勢神宮）の遷宮《せんぐう》のため、安城（平安城、京都）の七つの道、これは諸国から京都に入ることのできる道が七つあるためだが、そこに先月の二十一日に関（関所）がおかれた。〉

ここに見える「七路」（七つの道）とは、具体的には東海道・東山道・山陰道・山陽道・南海道・北陸道・西海道の七道《しちどう》を指す。もともと七道は、古代の行政ブロックを意味したが、しだいに主要道路をも意味するようになった。それを裏づけるように、七口も早い段階では「七道口」と呼ばれている。

また、口は出入り口であると同時に、内と外との接点、つまり境界でもあったが、右の史料にも見えるように、そのような境界には中世、関（関所）がおかれるのが常であった。この場合の関とは、古代や江戸時代のそれとは異なり、監視や治安維持のためではなく、

そこを通る人や物から関銭《せきせん》と呼ばれる通行税をとることに目的がある。

そのため、中世の関は経済関とも呼ばれているが、これについては右の史料からも読みとれる。ここでは、室町幕府が七口に関をおいて、そこからあがる関銭でもって伊勢神宮の遷宮費用にあてようとしていたのであった。

固定していなかった京都七口

このように、七口は関もおかれる境界として京都の内外を画するところと考えられていたが、注目されるのは、そこが線ではなく点であったことであろう。また、京都の内外を画するとはいっても、洛中の範囲が基本的には平安京の左京を中心としたものである以上、七口は洛中洛外としての京都とその外との境界を意味するものであった点にも注意しなければならない。

先にもふれたように、室町時代以降にしか「七口」という言葉が登場してこないこともおそらく洛中洛外が京都と認識されるようになったことと無関係ではないであろう。ただ、その一方で、そのような認識や境界意識は、室町時代では必ずしも実体とは結びついていない側面もあった。

たとえば、七口におかれた関のひとつで、公家の万里小路家《までのこうじけ》の収入となっていた御厨子《みずし》所率分関などは、あるときには東山を越えた山科に、またあるときには近江国の草津におかれたことが知られている（『建内記《けんないき》』嘉吉《かきつ》元年十一月三十日条、嘉吉三年五月二十二日条ほか）。

つまり、室町時代では、七口は必ずしも固定した場所を意味しないこともあったのだが、東山を越えてすぐの山科はともかくとして、近江の草津までが洛中洛外というわけにはいかないであろう。ここからも、線ではない点としての境界が、相当に融通のきくものであったことがうかがえる。と同時に、そのような境界意識を室町時代の人びとは、さほど違和感なくうけ入れていたのもまた事実であった。

このように、室町時代の京都、あるいは洛中洛外と上京・下京との関係というのは、その境界に注目したとき、かなりあいまいで漠然としたものといわざるをえない状態にあったことがわかる。つまり、信長が目にする戦国時代より前の京都はそのような状態であったわけだが、ところが、それにも大きな変化がもたらされることになる。そのきっかけは、京都に戦国時代の訪れを告げた応仁・文明の乱にあった。

2　惣構に囲まれた上京・下京

京中三分の二が大堀

応仁・文明の乱といえば、一般には細川勝元《かつもと》ひきいる東軍と山名持豊《もちとよ》（宗全《そうぜん》）ひきいる西軍とのあいだで大規模な合戦が繰り広げられ、京都全体が焼け野原になってしまったかのような印象が強い。しかし実際には、洛中、とりわけ下京については、さほどの被害がなかったことが近年の研究によってあきらかにされている。

もちろん、洛中でも戦闘の中心地となった上京では、「下《しも》は二条、上《かみ》は御霊辻《ごりょうのずし》、西は大舎人《おおとねり》、東は室町を境、百町《ちょう》あまり」（『応仁記』）が焼亡しているし、また洛外の寺社の多くが深刻な被害をうけたことは事実である。

しかし、その上京においても、乱が起こってまもなく見られた光景とは、戦闘シーンよりむしろ戦闘や防御のために掘られた堀や構《かまえ》、あるいは要害・城郭と呼ばれた施設の乱立であった。

たとえば、本格的な戦闘が始まった応仁元年（一四六七）五月以降の史料をながめてみても、「一条以北、自他城郭を構え」（『大乗院寺社雑事記』五月二十二日条）や「小路・大路を掘切りして、城郭となす」（『大乗院日記目録』）、あるいは「方々《ほうぼう》要害に堀を掘る」（『後知足院《ごちそくいん》関白記』五月三十日条）といった記事が目立つ。

しかも、「一条大路両陣のあいだの堀溝、口二丈、深さ一丈」（『皇年代私記』）といった記事からは、そのような堀が、幅二丈（約六メートル）、深さ一丈（三メートル）に及ぶものであったこともわかる。

これらの記事からも、このときに掘られた堀は小路や大路といった街路にもうけられたものであったことが知られるが、その結果として、「京中三分二、大堀をかまえ」（『宗長手記』）と伝えられるように、洛中の三分の二にも及ぶ範囲で堀がめぐらされるという異様な光景が現れることになった。

ちなみに、異様といえば、日野富子の兄日野勝光《かつみつ》が自衛のために自らの屋敷のまわりに掘らせた堀をめぐっては、次のような記事も伝えられている（『大乗院寺社雑事記』応仁元年六月二日条）。

内府《ないふ》亭堀を掘らる、（略）大門・小門前に大堀になされおわんぬ、万一火事出来《しゅったい》これあらば、御出《おいで》の道あるべからざるのあいだ、御生涯《ごしょうがい》におよぶべしと云々、〈内大臣日野勝光の屋敷に堀が掘られた。（略）屋敷の大門や小門の前にも大堀が掘られた。これで安心と思っていたところ、逆に、もし火事が起こったら、脱出できる道もないので、焼け死ぬほかはないということだ。〉

勝光がなぜここまであわてて屋敷のまわりに堀を掘らせたのかという点についてはさだかではない。が、おそらくこのように単純に堀をめぐらせた施設のことを要害や城郭と呼んだのだろう。そして、これよりも規模が大きいものを構と呼んだと思われる。

御構の登場

このように洛中に数多く存在した要害や城郭、あるいは構のなかでも、この時期、もっとも規模の大きなものとして知られているのが御構《おんかまえ》（東御陣《ひがしごじん》）と呼ばれた構である。

御構は、東軍の本陣がおかれた将軍御所である花御所（室町殿）を中心に上京の一角につくられたものだが、それが登場するきっかけになったのは、応仁元年八月に西軍についた周防《すおうのくに》国の守護大内政弘《まさひろ》の軍勢が上洛し、その大軍でもって東軍を包囲したことにある。

つまり、西軍からの攻撃を防ぐために東軍によって築かれたのが御構であり、その規模は、北はのちの寺の内通り、南は一条大路、東は烏丸小路、西は小川《こかわ》に及ぶものであったと考えられている。

一方、西軍もこれに対応して山名持豊の屋敷を中心に構を築いている。これが西陣《にしじん》と呼ばれるもので、このことからもわかるように、応仁・文明の乱とは、御構に拠る東軍と西陣に拠る西軍とが十年におよび対峙し、にらみ合いを続けたというのが実態であった。『宗長手記』が「東西十年」と記しているのは、このことを示していよう。

ここで注目されるのは、この御構が登場したことによって、都市域の境界、とりわけ上京の境界が明確になった点である。というのも、堀という目に見える障壁で囲まれた御構には、東軍の軍勢のほかにも、将軍足利義政《よしまさ》をはじめとした武家、あるいは戦禍から避難してきた後土御門《ごつちみかど》天皇らの公家、さらには数多くの町人たちも移り住んだため、事実上、この御構が都市域としての上京そのものへと変貌していくことになったからである。

上京と一体化する御構

実際、それを裏づけるように、室町時代には近江の草津におかれることもあった万里小路家の御厨子所率分関も「万里小路家関所構口《かまえぐち》にこれあり」（『山科家礼記』文明二年十二月四日条）と、御構の出入り口におかれるようになったことがわかる。

ここからは、洛中洛外とその外との境界意識すら、このときは御構と一体化していたようすがうかがえる。興味深いのはこの御構の口が、次の史料（『経覚私《きょうかくし》要鈔《ようしょう》』応仁二年正月条）であきらかなように、わずか一カ所しかなかった点である。

細川右京大夫《うきょうだゆう》の陣のことは、丑寅口《うしとらぐち》一方ならでは閉じず、その余は、ことごとく山名・大内介《おおうちのすけ》以下取り巻くと云々、よって九条より蔵人《くろうど》参るときは、三日に山へまわりて鞍馬口《くらまぐち》へ出《い》でて入城と云々、

〈細川勝元の本陣がおかれた御構は、丑寅口（鞍馬口）だけが外部へと通じている。それは、そのほか全体が山名持豊や大内政弘ら西軍によって包囲されているからだという。そのため、九条から蔵人がやってきたときも、わざわざ山（比叡山延暦寺《ひえいざんえんりゃくじ》）のほうを迂回して鞍馬口から御構へ入ってきたということだ。〉

ここに見える丑寅口（鞍馬口）だけがなぜ外部と通じることができたのかといえば、それは右の史料からもうかがえるように、「山」こと比叡山延暦寺が東軍に味方していたためである。そのこともあって、京都の南のほうから御構に入るのにもわざわざ比叡山を迂回しなければならなかった。

したがって、「万里小路家関所構口」もこの鞍馬口におかれたに違いない。また、十年にもわたって東軍が御構の中で持久戦を続けることができたのも、この鞍馬口を通じて人や物の交流が絶えなかったためであった。

なお、御構が登場した当初は、その外にも市街地が残されていたと考えられるが、それも十年の歳月にともなって失われていくことになったと思われる。そのことはたとえば、後土御門天皇が御構から内裏へ還幸《かんこう》（帰還）した際、「近所の在家などこれなく、東西は西山・東山に見とおし、南北は二十町《ちょう》ばかり見とおすものなり」（『大乗院寺社雑事記』文明十一年十月十九日条）と伝えられていることからもわかる。内裏のまわりにも家々がなくなり、東山や西山まで見通すことができるようになっていたのである。

進まぬ復興で家は十分の一に

さて、十年にわたって続いた応仁・文明の乱は、文明九年（一四七七）十一月に西軍の主力であった大内政弘の軍勢が本国へ帰還することによって終結を迎える。そして、これによって、御構内で持久戦を余儀なくされていた東軍も、また避難生活をしいられてきた人びともようやく解放されることとなった。

これをうけ幕府は、さっそく上京の復興にとりかかるが、その具体的なようすとは次のようなものであった（『晴富宿禰記《はれとみのすくねき》』文明十一年三月十六日条）。

公武諸家、乱中あるいは炎上、あるいは破却により沈淪《ちんりん》す、しかるに今ことごとく本宅の敷地に居《きよ》すべきのよし御成敗により、所在の小家みな壊し取ると云々、

〈公家や武家の屋敷は、乱中に火災で炎上したり、壊されたりして、落ちぶれてしまった。そこで、幕府は屋敷のあった元の場所に再建するようにとの命令をくだした。しかし、それによって乱中に建ち並んでいた町人たちの避難小屋はすべて取り壊されることになった。〉

ここからは幕府による復興の主眼が武家や公家にあり、町人のことまでを視野に入れたものではなかったことがわかる。実際、花御所（室町殿）の正門（四足門）の前に建てられた裏築地の周辺にさえ避難小屋が建ち並んでいたことを思うと（『晴富宿禰記』文明十一年三月十五日条）、それらをすべて取り除かなければ、復旧作業すら進めることができなかったであろう。

また、幕府の復興方針としては、「条里《じようり》を本式に復す」（『晴富宿禰記』文明十一年三月十五日条）とあるように、「条里」（大路や小路の街路）を元通りにするというものであったた

め、街路に建ち並んでいた避難小屋も撤去されるとともに、街路に掘られた数多くの堀も埋め戻されていったものと思われる。

しかしながら、このようにして幕府によって進められた乱後の復興も、結局のところ、乱前のような市街地を取り戻すことにはならなかった。そのことは、先にもふれたように、乱が終結しておよそ半世紀もたった大永六年（一五二六）にいたってもなお、「京を見わたしはべれば、上下の家、むかしの十が一もなし」（『宗長手記』）と、上京や下京の家々がかつての十分の一にも及んでいなかった事実からもあきらかといえよう。

乱後の極度な治安悪化

それでは、なぜ乱後の復興はうまくいかなかったのであろうか。その理由はいくつもあるが、そのなかでももっとも重要と考えられるのは、戦乱が終わったにもかかわらず、洛中の治安が極度に悪化していたという点であろう。

たとえば、そのことは次のような史料（『親長卿記《ちかながきょうき》』文明十六年六月二日条）からも読みとれる。

一条烏丸北頬《きたつら》艮角《うしとらのかど》土蔵に盗人《ぬすびと》乱入す、町人諸方より出逢い、すでに矢軍《やいくさ》におよぶ、土蔵亭主出逢い、夫婦殺さると云々、子息疵《きず》をこうむる、すでに火を懸《か》く、魔風《まふう》しきりに吹き靡《なび》き、一条面《おもて》一町焼失す、(略)近年ことに盗人法《ほう》に過ぐ、管領《かんれい》なし、在国《ざいこく》、侍所《さむらいどころ》なし、所司代《しょしだい》なし、開闔《かいこう》なし、糺明《きゅうめい》のことなきのあいだ、所々かくのごときことあり、言語道断、末世《まっせ》のいたりなり、

〈上京の一条烏丸(一条大路と烏丸小路の交差したところ)の北東の角にある土倉《どそう》(金融業者)へ強盗団が押し入った。周辺の町人たちが出てきて強盗団と矢軍(矢を射合っての戦い)となり、土倉の一家も戦いに加わったが、夫婦は殺され、子どもも傷を負ってしまった。強盗団は火を放ち、運悪く強風にもあおられ、一条大路に面した一帯が焼失してしまった。(略)このように近年、強盗団のふるまいが無法状態に陥っているのは、幕府を主導する管領も、また洛中の警察権をあずかる侍所も所司代も開闔もおらず、捜査されることもないからだ。各地でも同様のことが起こっている。言語道断なことであり、この世の終わりというほかかない。〉

このとき被害にあった土倉(土蔵)は、室町・戦国時代の京都では裕福な金融業者として知られている。したがって、そこへ土一揆や盗人が押し入ること自体は、それ以前にも見られた。しかし、その場で矢軍に及び、あまつさえ殺人もおこなわれたすえ、放火して

逃げ去るという凶悪なようすまでは見られなかったのだろう。

なぜそのように凶悪化してしまったのか。その理由は、乱後の幕府による治安維持がまったく機能していないからだ、というのが右の記事を書いた公家の甘露寺《かんろじ》親長《ちかなが》の見方である。この親長は、御構のなかで十年のあいだ幕府とともに避難生活に耐えてきた経験の持ち主である。おそらくその見方も確かな情報にもとづくものだったのだろう。

ちなみに、右の事件現場である一条烏丸の地は天皇の住まう内裏の近くでもあったため（地図2）、その用心として「東方に堀を掘らるべき」（『親長卿記』同年六月五日条）ことが話題となっている。実際にはこのとき堀は掘られなかったようだが、ここからは、戦乱を避けるためではなく、強盗や放火を避ける防御施設としても再び堀が掘られる動きが始まりつつあったことが知られよう。

また、右の事件では、周辺の町人たちや土倉の一家が弓矢でもって強盗団と戦ったようすが見られる点でも注目される。応仁・文明の乱以降の戦国時代では、自らの身は自らで守らなければどうしようもない状況となっていた。そして、その延長線上に、洛中では社会集団、共同体としての町が成立していくことになるのだが、この点については次章でくわしく見ていくことにしよう。

下京の大焼失

ところで、先にもふれたように、応仁・文明の乱では、下京はさほどの被害を受けなかったと考えられている。しかしその下京は、皮肉なことに乱後しばらくして壊滅的な被害に見舞われることになる。それが、当時の史料に「下京大焼失」(『大乗院日記目録』明応《めいおう》三年七月七日条)と記された大火であった。

火事が起こったのは、明応三年(一四九四)七月六日の昼にかけて。火元は、記録によって多少の違いがあるものの、四条室町(四条大路と室町小路の交差したところ)あたりと考えられている。

四条室町といえば、この当時も、また現在でも下京の中心地にあたる(地図2)。そのため、「中京《なかぎょう》火事」(『後慈眼院殿御記《ごじげんいんどのぎょき》』同年七月六日条)とも呼ばれたようだが、火災は瞬く間に広がり、北は三条坊門《ぼうもん》小路、南は五条大路、東は烏丸小路、西は堀川小路にいたる広大な範囲をなめつくす大惨事となった。

この大火を目のあたりにした甘露寺親長が、「下京過半焼失す、近年かくのごとき焼亡なし」(『親長卿記』同年七月六日条)と日記に書いているように、下京の大部分は灰となってしまった。しかし、それ以上に深刻だったのは火事がこれだけにとどまらなかった点である。

というのも、「近日大略《たいりやく》毎日炎上」（『後法興院記《ごほうこういんき》』同年七月十二日条）というように、この大火のあとも引き続き上京・下京を問わず火事が頻発していくことになるからである。

しかも、それらの火事は事故ではなく、「賊徒ら」（盗賊団）のしわざで、その手口も「鼠」を捕らえては、「その尾の端」に火をつけて放つという無差別なものであったため（『後慈眼院殿御記』同年七月二十三日条）、人びとの恐怖は頂点に達することになった。

そのときの恐怖を次の史料（『後慈眼院殿御記』同年八月五日条）は、あますところなく伝えている。

惣《そう》じて京中毎夜の狼藉もってのほかなり、あるいは盗人、あるいは放火、あるいは飛礫《つぶて》など勝計《しょうけい》すべからず、そのうえ石をもって裹《つつみ》火をむすびつけ人家になげ入るのこと、家々町々、よって諸人《しょにん》夜に入りながら、睡眠せず、勝事《しょうじ》のいたりなり、

〈おしなべて洛中では毎夜のように無法な事件が起こっている。強盗や放火、あるいは飛礫（石合戦）など数えきれないほどである。そのうえ、石に火のついた布や紙を結びつけて人家に投げ入れるようなことも起こっている。家々や町々では、人びとは夜になっても眠ることができない。奇怪なことである。〉

応仁・文明の乱が終結してすでに十数年。にもかかわらず、洛中での生活は乱中よりむしろ不安と恐怖に満ちていたのだった。

続く上京の大火事

このように洛中が不安と恐怖に満ちていたころ、幕府を主導していたのは、細川政元《まさもと》である。政元は応仁・文明の乱の東軍の総大将であった細川勝元の息子であるが、「下京大焼失」が起こる前年の明応二年（一四九三）の政変によって、将軍足利義材《よしき》（義稙《よしたね》）を追放し、足利義澄《よしずみ》を将軍に擁立して幕府の実権を握っていた。しかし、そのような政元をしてもなお洛中の治安維持は困難をきわめたことがうかがえる。

もっとも、それでも「この間、所々の火付けの女房、去る夜に搦《から》めとり、今日強問《ごうもん》す、同類四五人の男召しとる」（『後法興院記』明応三年八月十九日条）と伝えられているように、一部の放火犯の逮捕や処刑にはいたっていた。したがってそれなりの治安維持はおこなわれていたことがわかる。

しかし残念なことに、火事はこれ以降も収まることがなかった。それればかりか、明応九年（一五〇〇）七月には、今度は「上京大火事」（『厳助往年記《げんじょおうねんき》』同年七月二十八日条）が起こることになる。その焼失範囲は、「上《かみ》は柳原《やなぎはら》、下《しも》は土御門、東は烏丸、西は室町」（『後法興院記』七月二十九日条）であったというから、内裏は無事だったものの、上京の中心部分が灰になってしまったことが知られよう。

このときの大火が、「賊徒ら」による放火だったのかどうかについてはさだかではない。ただ、「大略一条の南北、荒野のごとし、焼死者その数を知らず、先代未聞の大火事なり」（『後慈眼院殿御記』同年七月二十九日条）とあるように、下京に続いて上京もまた大火によって壊滅的な被害を受けたことは間違いなかった。

堀・土塁・塀を備えた惣構

これによって、応仁・文明の乱後の復興もご破算になったと思われるが、当然のことながら、これからあとの復興は、それまでどおりというわけにはいかなくなったであろう。なによりまず、治安の悪化に対応したものでなければならないし、また明応の政変以降に常態化していくことになる軍勢の乱入にも対処したものでなければならなかったからである。

おそらくは、それに対するひとつの答えというのが、次の史料（『後法興院記』明応八年十月十日）に見えるようなものであったと考えられる。

要害として京中堀《きょうちゅうほり》、京兆《けいちょう》より下知を加うと云々、

〈要害（防御施設）として洛中に堀を掘るようにと管領細川政元から下知がくだされたということだ。〉

ここに見える「京中堀」とは、直接的には政元に追放された足利義材の軍勢に対処するものであったと考えられるが、いずれにしても洛中に再び防御施設としての堀が掘られるようになったことは間違いない。そして、おそらくはこの「京中堀」の延長線上に登場してきたのが、上京と下京とをおのおの取り囲む「惣構《そうがまえ》」と呼ばれた防御施設であったと考えられる。

惣構とは、一般に「市街地や村落などの周囲をすっかりと囲い込んでいる柵、または防壁」（『日葡辞書』）を意味するが、戦国時代の上京・下京につくられた惣構については、文献史料よりむしろ『上杉本洛中洛外図屏風』やそれより古い景観を描いたとされる『歴博《れきはく》甲本《こうほん》洛中洛外図屏風』など絵画史料のほうがその姿をよく伝えている。

たとえば、『上杉本洛中洛外図屏風』の四条《し》坊門西《じょうぼうもんにし》洞院《のとういん》（四条坊門小路と西洞院大路の交差したところ）あたりを見てみると、西洞院川を自然の堀として利用しながら、西洞院大路の東側に土塀が長く四条坊門小路にまで続いていたことがわかる。しかもその土塀に

は、三条大路と四条坊門小路に木戸門、また六角小路に櫓門《やぐらもん》が備えられていたことも見てとれる。

櫓門には矢を放つための狭間《はざま》も開けられており、この当時の城郭に見られる防御施設となんら変わるところがないこともわかる。おそらくこれらの木戸門や櫓門は、いざというときには閉じられて、その内部を守る役目を果たしたのであろう。

ちなみに、この四条坊門西洞院の西南角には、信長がその生涯を終えることになる本能寺があった。そして、ここにも四条坊門小路に沿って幅約四メートル以上、深さ約一・五メートル以上の堀があったことが発掘調査によって確認されている。本能寺もまた、下京の惣構の一角を担っていたことが知られよう。

また、発掘調査に関していえば、下京の惣構の堀と見られるものも発見されている。その堀とは、五条坊門小路と高倉小路が交差する付近（平安京左京五条四坊二町）で発見された約五十メートルの長さにわたるもので、幅約六・五メートル、深さ約二メートル、逆台形の断面をもったものであった。

この堀については、その後の研究によって、さらに土塁がともなっていたことや水が流れていたこと、あるいは市街地のあり方に対応して湾曲していたことなどがあきらかにされている。惣構の堀の実態を知るうえでも貴重な成果といえよう。

図２：木戸門や櫓門も見える惣構（『上杉本洛中洛外図屏風』米沢市上杉博物館蔵）

図３：発掘調査で明らかになった惣構の堀（京都市埋蔵文化財研究所所蔵）

境界を明確にした惣構

このように、戦国時代の上京と下京は、おのおのが堀や土塁、土塀や木戸門・櫓門などを備えた惣構によって取り囲まれた、いわば城塞都市と化していた。

先にもふれた、『宗長手記』や『日本教会史』が伝えていた洛中のようすとは、これを表現したものにほかならなかったが、それはまた、惣構という物理的な障壁に取り囲まれることによって、戦国時代の洛中の境界が室町時代と比べたとき、はるかに明瞭になったことも意味した。洛中においては、市街地は惣構に囲まれた上京と下京にしか存在せず、そのまわりには麦畑など農地が広がっていたからである。

一方、これと軌を一にして、七口の場所も、「長坂口村《ながさかぐちむら》」（『永正《えいしょう》十七年記』）や「粟田口在所」（『披露事記録《ひろうごと》』）といったかたちで、村や在所として実体をともないつつ固定されていったと考えられる。

実際、このことは絵画史料からも見てとれ、たとえば『上杉本洛中洛外図屛風』では、粟田口（「あわた口」）が、道の両側にわらぶき屋根の家々が建ち並び、その出入り口に洛中の惣構と同じような木戸門や土塀を備えた集落として描かれている。また、『上杉本洛中洛外図屛風』とも時代が近いとされている『東博模本《とうはくもほん》洛中洛外図屛風』でも、七口のひとつである北白川口《きたしらかわぐち》（「白川のみち」）が同じような施設をもった集落として描かれている。

このように、戦国時代の京都は、洛中を構成する上京・下京が惣構に取り囲まれ、また、洛中洛外とその外との境界である七口も村や在所として固定されることによって、空間としても、景観としても、目に見えやすいかたちに変貌していた。

おそらく、永禄二年（一五五九）に上洛した信長が目のあたりにした京都の姿もこのようなものであり、信長も粟田口や北白川口などから洛外へと入り、そして上京の惣構をくぐり抜けたのち、「うら辻」（裏築地町）へとたどりついたのであろう。

いずれにしても、本章の冒頭でふれた、信長が「御宿」をとった「室町通り上京うら辻」とは、以上見てきたようなことをふまえて、初めてその意味するところが理解できる場であった。

もっとも、もう少し厳密にいえば、「室町通り上京うら辻」のうち、「うら辻」（裏築地町）については、さらに一歩進んで見ていかなければ、その意味するところが理解できたとはいえない。そこで次章では、この点について見ていくことにしたいが、その前に本章の最後に、この「室町通り上京うら辻」に「御宿」をとった永禄二年の上洛の目的についてもふれておくことにしよう。

信長上洛の目的

このときの上洛の目的については、一般に「信長は上洛して、室町将軍義輝《よしてる》に会見した。近く上洛して幕府のため尽くしたいなどと言上したのであろう」と考えられている。

おそらくこれは、『信長公記』首巻に「城都《じょうと》（京都）・奈良・堺御見物そうらいて、公《く》方《ぼう》光源院《こうげんいん》義輝（足利義輝）へ御礼仰せられ」と記されていることをふまえたものと思われる。しかし、このことを記しているのは『信長公記』首巻だけで、本書「はじめに」でもふれた『言継卿記《ときつぐきょうき》』など同時代の史料では確認することができない。将軍足利義輝となんらかの接点があれば、どこかの記録に残りそうなのだが、現在のところそれが見いだせないのである。

このことに多少ともこだわるのは、この同じ年四月に上洛した越後《えちご》の長尾景虎《かげとら》（のちの上杉謙信《けんしん》）については、醍醐寺《だいごじ》の僧理性院厳助《りしょういんげんじょ》の日記『厳助往年記』に「越後長尾まかりのぼる、武家（足利義輝）に御礼のためと云々、御礼銭これを済まし、御馬など数疋《すうひき》進上す」と見え、景虎が義輝にあいさつをし、礼銭や馬を進上したという事実が確認できる点が関係する。

このような史料上の違いがどこからくるのか、たとえば、このころの信長と景虎との知名度の差からくるのかどうかはわからない。ただ、同じ『厳助往年記』の三月（二月の誤り）のところには、「尾州《びしゅう》織田弾正忠《だんじょうちゅう》上洛す、雑説《ぞうせつ》あり、にわかにまかりくだる」と見えるので、厳助も信長が上洛したことは知っていたようである。

もっとも、そこには信長が上洛したということ以上の内容は記されておらず、また、「雑説」（種々の噂）にともなってすぐに帰国してしまったということが書かれているだけである。

この「雑説」が何だったのかというのも気になるところだが、『言継卿記』の二月七日条にも「尾州の織田上総介《かずさのすけ》、昼立ち、帰国す」と見えるので、信長が上洛してまもなく帰国してしまったということは事実だったのだろう。

足利義輝と信長

このわずか数日の在京で信長がどのような行動をとれたのか、今のところ謎というほかはない。ただ、その短かすぎる在京と、あいさつをうけるほうの義輝もまた、このころになってようやく洛中に居を落ち着かせることができるようになったという事実とのあいだには、あるいは関係があるのかもしれない。

というのも、義輝が五年ぶりに上洛したのは、この間対立を続けてきた三好長慶《ながよし》とのあいだで和睦が成立した永禄元年（一五五八）も末のこと、つまり信長が上洛する直前のことだったからである。

そして翌永禄二年正月には、下京の惣構の北端にあった日蓮宗（法華宗）寺院の妙覚寺（「本覚寺」）を仮の御所とし、「武衛陣《ぶえいのじん》」と呼ばれた勘解由小路《かでのこうじ》室町《むろまち》の地に建てられる新御所に落ち着くことができたのは、それから一年以上もたった永禄三年六月のことであった。

このことからもわかるように、永禄二年二月に上洛した信長が、もし義輝と会うことができたのだとすれば、妙覚寺の仮御所においてとなる。そして、これに信長の上洛が「にわか」であったということも考えあわせてみるなら、やはり、久方ぶりに上洛した義輝となんらかの接点をもとうとして急遽行動を起こしたというのがこのときの上洛の目的であったのかもしれない。

もっとも、そのように信長を駆り立てたものが何であったのか、また、その結果がどのようなものであったのかについては、不明といわざるをえない。しかし、このときの上洛が信長にとって印象深いものになったであろうことだけは間違いないようである。

というのも、これから九年後の永禄十一年（一五六八）に義輝の弟である足利義昭《よしあき》とともに上洛した際、信長は義昭の御所を義輝の新御所跡に建て、また、自身も義輝の仮御所であった妙覚寺を京都における寄宿所として長く使い続けることになるからである。

信長が義輝という人物にどのような思い入れをもっていたのかについてはわからないが、偶然にも永禄二年という同じ年に上洛した信長と謙信（景虎）とのあいだで、こののち天正二年（一五七四）に取り交わされることになる『上杉本洛中洛外図屛風』は、元をただせば義輝が謙信へ贈るつもりで作成させたものと考えられている。

それをなぜ信長が謙信に贈ることになったのかという点についても不明といわざるをえないものの、そこに描かれた戦国時代の洛中洛外＝京都の姿は、あるいは信長・謙信・義輝の三人が目にしたものを今に伝えているのかもしれない。

ただし、そこには義輝の新御所は描かれておらず、代わりに花御所が描かれている。花御所は、文明八年（一四七六）の焼失以降、「花御所跡」となって将軍の御所としては利用されなくなったと考えられている。したがって、それは架空の姿となるわけだが、その花御所跡の一部が町場となった裏築地町に「御宿」をとった信長がこの屛風を見て、どのように思ったのか、これもまた興味深い問題といえよう。

第二章　自衛・自治する町と町人

1　惣構の中の都市世界

町の成立

第一章でもふれたように、永禄《えいろく》二年（一五五九）に信長が「御宿」をとったと伝えられている「うら辻」とは、上京《かみぎょう》のなかにあった裏築地《うらついじ》町《ちょう》であり、またその町名の由来も、花御所《はなのごしょ》（室町殿《むろまちどの》）の正門（四足門《よつあしもん》）の前に建てられた裏築地という塀からきたと考えられる。したがって、この町《ちょう》ができたのは、早くとも文明《ぶんめい》八年（一四七六）に花御所が火災にあい、その跡地が将軍の御所として使われなくなって以降のことになろう。

もっとも、町名そのものについては、のちにもふれるように、元亀《げんき》二年（一五七一）ころの史料に見える「浦辻《うらつ》子《じ》町《ちょう》」（『禁裏御倉職立入《たてり》家《け》文書《もんじょ》』）というのがもっとも古く、かなり遅れる。

また、秀吉の時代、天正《てんしょう》十三年（一五八五）には「寄宿免除」の文書が「裏築地町」宛てに出されているので（『上下京《かみしもぎょう》町々《ちょうちょう》古書明細記《こしょめいさいき》』）、そのころには現在と同じ町名が使われていたこともわかる。

ちなみに現在は、「裏築地町」を「うらつきじちょう」と読んでいるが、秀吉の時代の史料には、「うらついち町」（『上京文書』）と出てくる。おそらく信長の時代においても「うらついじちょう」と呼ばれていたのであろう。

ここでなぜこのように町名にこだわっているのかといえば、京都の場合、町ができ、町名が現れてくるということは、そこに人びとによる社会集団、あるいは共同体としての町が成立してきたことを意味するからである。

これらの町々は、戦国時代の洛中では、裏築地町のように惣構《そうがまえ》で取り囲まれた上京や下《しも》京《ぎょう》の中にあったが、それでは、その町とは具体的にはどのようなものだったのだろうか。本章では、この点について見ていくことをとおして、惣構の中の都市世界へと分け入っていくことにしよう。

裏築地町と両側町

さて、戦国時代の洛中にあった町を見ていくにあたっては、文献史料よりも絵画史料など、視覚から見ていったほうがわかりやすい。そこで、まずは現在の裏築地町付近の地図から見ていくことにしよう（地図3）。

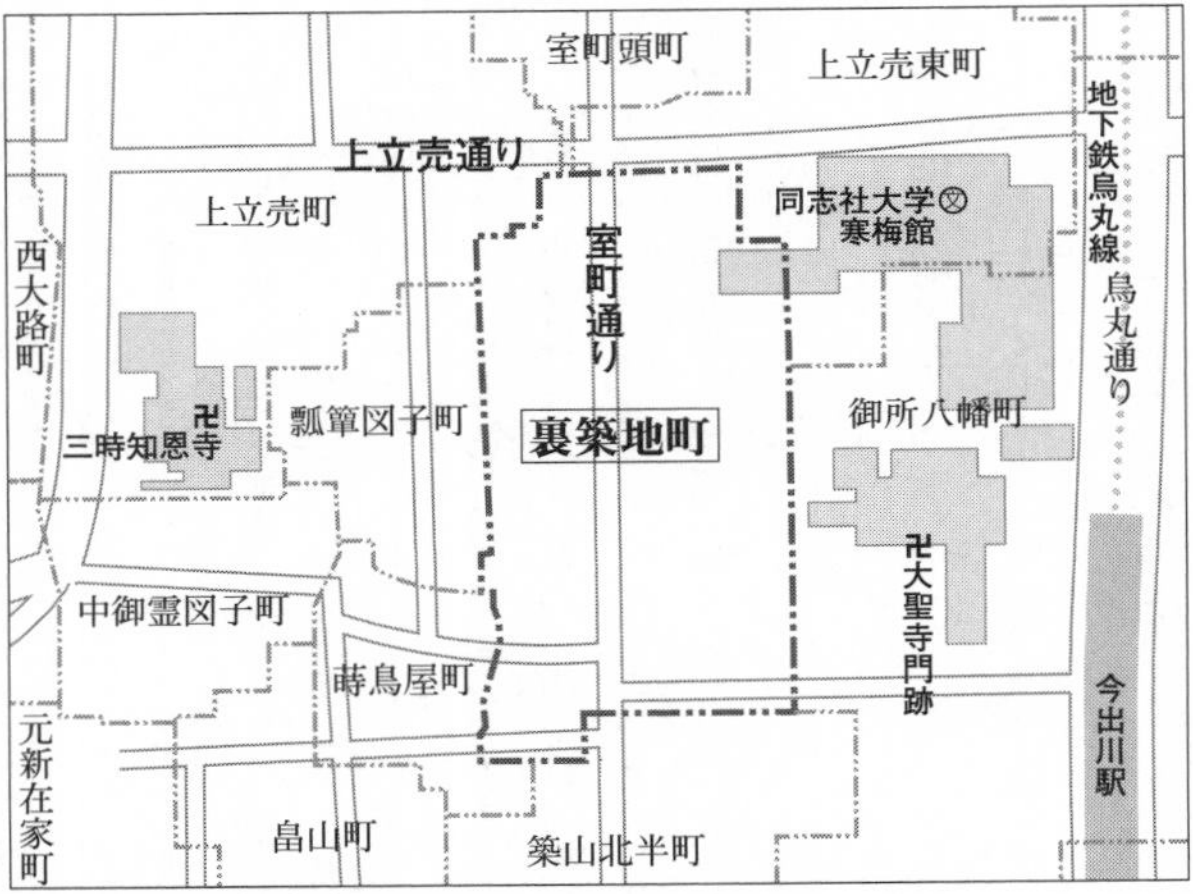

地図３：現在の裏築地町付近

すると、この裏築地町が上立売《かみだちうり》通りという横の街路と室町《むろまち》通りという縦（竪）の街路が交差したところの南側に広がっていることがわかる。また、もう少し注意深く見てみると、この町が室町通りをはさんだ両側の町並みでひとつの町をつくっていることもわかる。これが両側町《りょうがわちょう》と呼ばれるもので、その起源は戦国時代にまでさかのぼると考えられている。

ちなみに、室町通りの東側にはかつて花御所があったので、現在の地図からも裏築地町が花御所跡地にできたことがわかる。それでは、このような両側町というのはどのようにして成立したのであろうか。

図４：戦国時代の町並みのようすがわかる（『洛中洛外図帖』奈良県立美術館蔵）

そこで、今度は戦国時代に描かれた絵画史料のほうを見ていくことにしよう。ここでは、『上杉本洛中洛外図《らくちゅうらくがいず》屏風』など洛中洛外図屏風がつくられる前から制作されていたと考えられている、『洛中洛外図帖』（奈良県立美術館蔵）のなかの一枚を見てみることにしよう。

図4がその一枚であるが、ここに描かれている町並みが具体的に洛中のどこであるかについてはあきらかではない。ただ、おそらくは戦国時代の町並みを代表するようなところが選ばれて描かれたのだろう。

この絵を見て、まず目につく特徴といえば、街路が垂直に交わっていること、そしてその街路に沿って街区が正方形になっているということであろう。この特徴はいずれも平安京以来のものであり、これがいわゆる碁盤の目の街区と呼ばれるものである。

このような正方形の街区のことを平安京では町《ちょう》と呼んだが、その大きさは四十丈《じょう》（約百二十メートル）×四十丈と定まっており、それは現在にも引き継がれている。ただし、裏築地町あたりは一条大路より北、つまり平安京の外になるので、正確な碁盤の目をかたちづくっているとはいいがたい。しかし、下京の三条大路（三条通り）や四条大路（四条通り）あたりでは、今でもこの碁盤の目のようすが見てとれる。

次に、町並みのほうにも目を移してみると、町屋（家屋）が不思議なことに街路沿いにしか建てられていないことに気づく。しかも、絵を見るかぎり、入り口から奥のほうまではさほどの距離もなく、さらにその奥には樹木も茂る空き地が広がっていたようすが見てとれる。

京都の町屋といえば、鰻の寝床と呼ばれることも多い。しかし、それが戦国時代にまでさかのぼらない可能性は高いだろう。もちろん、瓦屋根の町屋も、また二階屋も見られない。どちらかといえば間口が狭く、板葺き屋根に石が置かれているだけの簡素な平屋が肩を寄せ合うようにして軒を連ねていたというのが、戦国時代の町並みであった。

ちなみに、この絵では街路に面した町屋の数が街路から街路のあいだで四、五軒ほどしか描かれていない。しかし、これはデフォルメされた結果で、実際は、片側だけでおよそ十五軒から三十軒ほどの町屋が並んでいた。

町の釘貫

ところで、この絵のなかでもう一カ所、目につくところといえば、おそらくそれは街路が十字に交差するところに見える四つの木戸門ではないだろうか。この木戸門は当時、釘《くぎ》貫《ぬき》あるいは針貫《はりぬき》と呼ばれた「一つ一つの街路の入り口にあって、夜になると閉ざす門」（『日葡《にっぽ》辞書』）を表している。

街路の入り口に建てられていたので、この絵のように十字路には四つの釘貫が建つことになる。この絵には描かれていないが、実際には反対側の十字路にも四つの釘貫がなければいけない。つまり釘貫は、街路をはさんで並ぶ町並みの両端に建てられるものであった。

それでは、この釘貫が建てられた目的というのは何だったのだろうか。この点については、イエズス会宣教師によって書かれた『日本教会史』に見える、次の文章がもっともわかりやすいものといえるだろう。

これらの門はすべて都市を警戒するために毎夜閉ざされていたのであって、それぞれの門には不寝番がいて、火がたかれており、用事のある人がそこを通り、通る者は調べられる。そして街筋に泥棒が現われ喧嘩が起こるようなことがあれば、昼でも夜でも門と小門を閉じるので、そのため悪者どもは逃げることができない。不寝番は同じ街筋の人びとが毎日交替でおこなったり、あるいは、そこで手伝う幾人かを共同で雇ったりする。

ここからもわかるように、釘貫というのは、「泥棒」や「喧嘩」、あるいは「悪者ども」から街路をはさんで並ぶ町並みを守るための防御施設であった。また、この釘貫には「不寝番」がおかれ、「同じ街筋の人びとが毎日交替」でその役まわりをおこなっていた。したがって、釘貫そのものも「同じ街筋の人びと」によって建てられたと考えるのが自然であろう。

じつは、この「同じ街筋の人びと」によって形成されたものこそが両側町であり、また社会集団、共同体としての町そのものであった。よって、図4に描かれている正方形の街区の一辺にあたる町並みは、おのおの四つの町の片割れ（これを片側町《かたがわちょう》という）となる。そして、そのおのおのの片側町が街路をはさんだ向こう側の片側町と一組になって両側町を形成していたのだった。

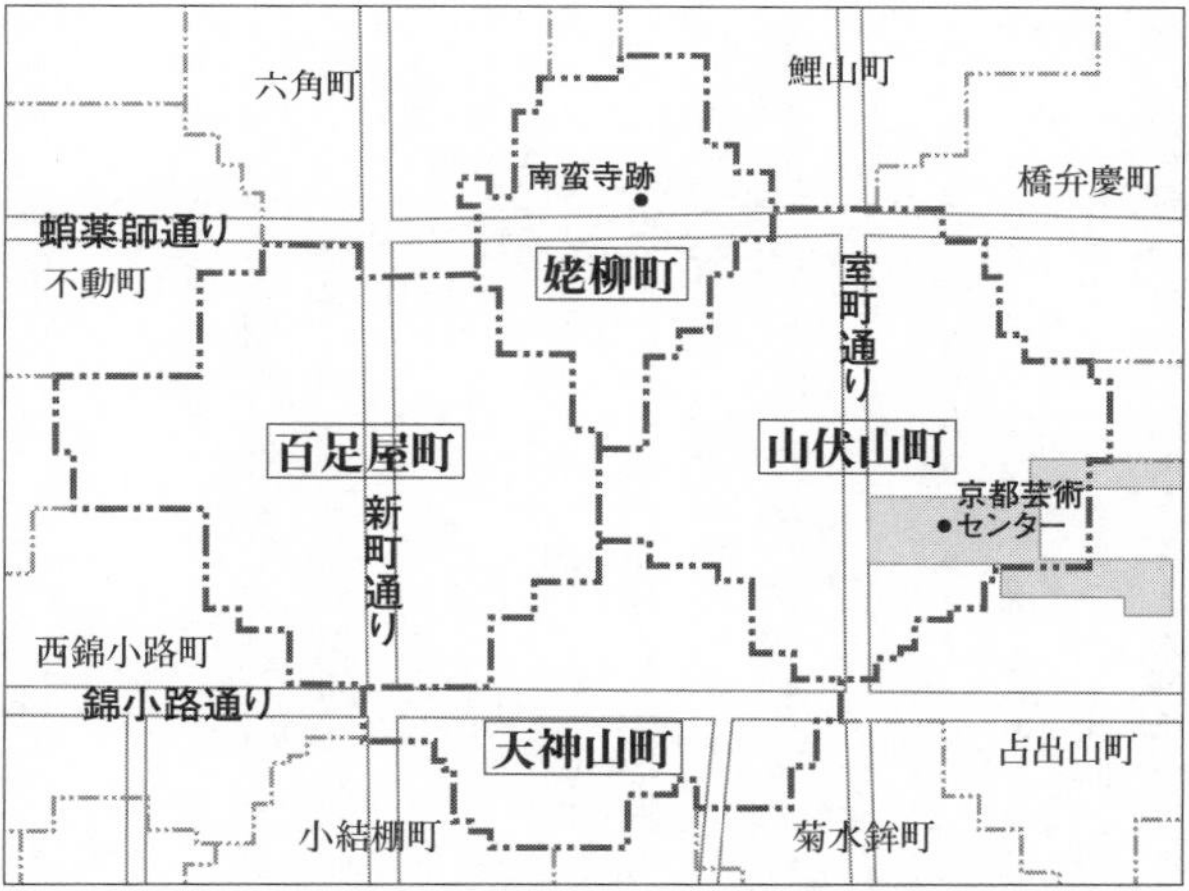

地図4：四つの片側町が現在の京都においてもひとつの街区にある

となると、正方形の街区の角にあたる町屋などは隣同士であるにもかかわらず、別々の町に所属することになってしまう。しかし、このようなあり方は現在にも引き継がれている。たとえば、現在の地図4で、北が蛸薬師《たこやくし》通り（四《し》条《じょう》 坊門小路《ぼうもんこうじ》）、南が錦 小路《にしきこうじ》、東が室町通り（室町小路）、西が新町《しんまち》通り（町尻小路《まちじりこうじ》）に囲まれた下京の一街区を見てみると、姥柳 町《うばやなぎちょう》・山伏山町《やまぶしやまちょう》・天神山町《てんじんやまちょう》・百足屋町《むかでやちょう》といった四つの町に分かれていることが読みとれる。

ちなみに、このうちの姥柳町以外の各町では、現在でも山伏山・霰《あられ》 天神山・南 観音山《みなみかんのんやま》という祇園祭《ぎおんまつり》（祇園会《え》）の山を出している。このことからもわかるように、下京では、戦国時代以降、山や鉾《ほこ》を出す単位もまた両側町であった。

侍を追い返す

このように両側町＝町とは、隣りあう人びとが街路をはさんだ向かい側の人びとととともにつくりあげた地縁による社会集団、共同体であったことがわかる。

それをつくりあげた第一の目的とは、戦国時代にあって自分たちの住む街区や地域を自衛することにあったと考えるのが自然である。しかし、実際にはそればかりとはいえない側面もあったことがあきらかにされている。

そこで、ここからは社会集団、共同体としての町がどのように立ち上がってきたのかという点について見ていくことにしよう。ただ、この点については絵画史料よりむしろ文献史料で見ていったほうがわかりやすい。そこでまずは、「はじめに」でも登場した山科言《とき》継《つぐ》の日記『言継卿記《ときつぐきょうき》』から見ていくことにしよう。

このころ、言継の屋敷のあった一帯、つまり天皇が住まう内裏《だいり》から見て北西にあたる一帯には、公家だけではなく、商工業者を含めたさまざまな階層の人びとが住んでいた。

その一帯に大永《だいえい》七年（一五二七）、当時ふたつに分かれていた幕府権力の一方の軍勢が、敵に通じている者を捕らえるとの理由で複数の町屋へ乱入するという事件が起こった。乱入したのは、将軍足利義晴《よしはる》や管領《かんれい》細川高国《たかくに》らと対抗関係にあった足利義維《よしつな》や細川晴元《はるもと》らを支えていた阿波衆《あわしゅう》、すなわち阿波国の三好元長《もとなが》配下の侍たちである。

この町《ちょう》畳屋へ阿波衆十人ばかり□□□□、二条より上京起きそうらいて、二三千にて取りこめ□□□□鬨《とき》の声しきりなり、種々わびそうらいて帰りそうらいおわんぬ、

〈言継が住んでいる町の畳屋へ阿波衆が十人ほど乱入してきた。すると、二条大路あたりから上京の人びとが二、三千人もやってきて、その阿波衆を取り囲み、鬨の声をあげた。阿波衆は恐れをなして帰っていった。〉

これは『言継卿記』大永七年十一月二十九日条に見える記事である。この記事からは、言継が住んでいた一帯もこのころ町（「ちやう」）と呼ばれていたことがわかるが、そのこと以上に注目しなければならないのは、その町の畳屋へ乱入した阿波衆を上京の人びとが二、三千人も集まって追い返したという点であろう。

ここに見える「鬨の声」とは、「戦闘のはじめにあげる喊声《かんせい》」（『日葡辞書』）のことで、いわゆる「えいえい」「おう」というあの叫び声である。実際にこのとき二、三千人もの人びとが集まったのかどうかはさだかではないが、阿波衆が恐れるほどの人数であったこ

とは間違いないだろう。

もっとも、このとき上京の人びとは素手でやってきたわけではなく、弓矢を持参してのことであったと考えられるので、実際はその姿を見て阿波衆は退散したのだと思われる。

防壁としての町の囲い

こうして阿波衆はいったんは帰っていった。しかし、彼らもそう簡単に引き下がるわけにはいかなかったのだろう。次の日にも乱入してくるとの噂が人びとの耳に入る。そこで、言継の住む町では、次のような動きが見られることになった（『言継卿記』大永七年十二月一日条）。

昨日の無念に、この町へ寄せそうろうよし申しそうろう、町の囲いつかまつりそうろうあいだ、竹所望《しよもう》のよし申しそうろうあいだ、十本つかわしそうろう、

〈阿波衆が昨日のことを無念に思って、再びこの町へ乱入してくるとの噂が入ってきた。そのため、町人たちが町の囲いをつくるので、その部材として竹を分けてくれるように申し入れてきた。そこで、竹十本をつかわした。〉

ここからは、阿波衆が再び乱入してくることを予期して、町人たちが「囲い」をつくろうとしていたことが読みとれる。ここでいう囲いとは、「城塞のようにつくった防壁、または濠」(『日葡辞書』)のことを指す。

したがって、釘貫のように木戸門まで備えた堅固なものではなかったのであろうが、それでも竹などを使って防御壁を立て、堀も掘ったに違いない。実際、言継はこの囲いのことを「構《かまえ》」とも呼んでいる。

このように、『言継卿記』が伝える大永七年の事件からは、町人たちが自分たちの住む街区を自衛するため共同で行動を起こし、囲いなど防御施設を備えるようになっていたことが読みとれる。

おそらくは、この延長線上に釘貫を備えた町が登場してくるであろうことは想像にかたくない。ただ、自衛という点だけでいえば、第一章でもふれた、文明十六年(一四八四)の一条《いちじよう》烏丸《からすま》での盗人騒動の際にも「町人」が「出逢い」「矢軍《やいくさ》」に及んだということがあった。したがって、応仁・文明の乱以降の洛中ではそれほど珍しい光景とはいえなかったのかもしれない。

しかし、文明十六年のころとこの大永七年のときとでは大きく異なる点があった。それは、今回の事件では、上京の人びとが二、三千人も集まるという広範囲にわたる動きが見られ、また言継が住む町のように個々の町では囲いなどの防御施設をつくろうとする動きも見られたという点である。

しかも、このふたつの動きは、このあとしばらくすると互いに結びつきあいながら特徴ある動きも見せることになる。

町同士の喧嘩

その特徴ある動きというのは、具体的には町同士の喧嘩をめぐって見られることになった。戦国時代をはじめとした中世の喧嘩とは、武力紛争、つまりは合戦を意味する。そのような喧嘩をなぜ町同士がしたのか、残念ながらその理由についてはわからない。ただ、喧嘩をするということは、個々の町がほかの町との違いを強く意識していたことを意味する。と同時に、町内部の共同意識が強まっていたことも示していよう。

このことを念頭において、つぎの史料を見てみよう。

二条室町・押小路《おしこうじ》三条《さんじょう》坊門《ぼうもん》の喧嘩これあり、午《うま》の刻より申《さる》の刻まで取り合うと云々、(略)左《さ》右方《ゆうかた》百人ばかり手負いこれありと云々、上下京《かみしもぎょう》宿《しゅく》老《ろう》地下《じげ》人《にん》口《く》入《にゅう》すと云々、(略)申の下刻《げこく》無事あい調うと云々、

〈二条室町と押小路三条坊門とのあいだで喧嘩があった。午の刻（午後十二時ころ）より申の刻（午後四時ころ）まで戦ったということだ。（略）双方で百人ほどのケガ人が出たという。上下京宿老地下人が「口入」（調停）に入り、申の下刻に無事それが調ったという。〉

これは、『言継卿記』天文《てんぶん》十九年（一五五〇）閏《うるう》五月二日条の記事である。喧嘩をしたのは二条室町と押小路三条坊門というふたつの町。しかし、ともにまだ裏築地町のような固有の町名をもっていなかったことがわかる。

もっとも、その場所については、おおよそ見当がつく。というのも、二条（大路）・押小路・三条坊門のいずれもが横の街路であり、そして室町（小路）だけが縦の街路である以上、このふたつの町は、ともに室町小路をはさんだ両側町で、前者が二条大路から押小路のあいだ、また後者が押小路から三条坊門のあいだにあったと考えられるからである（地図2）。

現在の町名でいえば、これらは、蛸薬師町《たこやくしちょう》と御池之町《おいけのちょう》にあたる。戦国時代には、室町小路の西側には日蓮宗（法華宗）寺院の妙覚寺《みょうかくじ》（足利義輝《よしてる》の仮御所となったところ。のちに信長の寄宿所となる）があったので、あるいはこのふたつの町は両側町ではなく東側だけの片側町だったのかもしれない。

その両町による喧嘩は昼ごろから夕方にかけておよそ四時間にも及び、そのため双方で百人ほどのケガ人が出たという。幸いなことに死者までは出なかったようだが、まさに合戦そのものであった。

喧嘩を仲裁する集団

ここで注目されるのは、そのような激しい町同士の喧嘩がどのように収まったのかがわかる点である。というのも、「上下京宿老地下人」と呼ばれた集団が「口入」（調停）に入り、それによって喧嘩が収まったことがあきらかとなるからである。

しかも興味深いのは、このようなあり方が恒常的なものとしてもあった点で、たとえば、これから三年後の天文二十二年（一五五三）正月に起こった「町《まち》と室町の喧嘩」でも、「上《かみ》京中《ぎょうちゅう》宿老ども」という集団が登場し、その「中分《ちゅうぶん》」（仲裁）によって喧嘩が収まったことが知られる（『言継卿記』天文二十二年正月二十四日条）。

じつは、このときは「上京中宿老ども」よりも前に「木幡《こわた》入道」なる人物が「中分」に入っていた。ところが、「木幡入道」は喧嘩に巻き込まれて、不幸なことに「町のもの一人」とともに討ち死にしてしまっていた。

このことからもわかるように、喧嘩の「口入」や「中分」というのは命がけの仕事であったが、それが、「上下京宿老地下人」や「上京中宿老ども」といった集団が登場してくると収まるというしくみが立ち上がっていたことがわかる。

ここでいう宿老とはもちろん老人という意味ではなく、地域の代表者といった意味になる。したがって、ここからは「上下京宿老地下人」や「上京宿老ども」と呼ばれた集団が、個々の町の上部集団のような存在として位置づけられていたことも知られよう。

おそらくは、この「上下京宿老地下人」や「上京宿老ども」と先の大永七年の事件のときに登場してきた「上京」「二三千」とはなんらかの関連があると思われる。しかし、具体的にどのように結びついているのかについてまではわからない。

ただそれでも、個々の町が喧嘩などをとおしてしだいに社会集団、共同体として成熟していくのと並行して、惣構に囲まれた上京・下京といった都市域全体を代表するような集団もかたちづくられていたことは注目されるだろう。

このような集団を一般に惣町《そうちょう》と呼んでいるが、ここからは惣町や個々の町が、喧嘩という武力紛争を幕府や朝廷といった公権力を介さずに自らの手で解決できるしくみを備えていたことが読みとれる。このようなしくみをもし自治ということができるのなら、惣町や町は、しだいにその機能を自衛から自治へと広げていたといえるだろう。

地下人とは

ところで、「上下京宿老地下人」や「上京宿老ども」が史料のうえに登場してくるのと時期を同じくして、室町幕府の史料のなかに「上京地下人」「下京地下人」、あるいは「上下京地下人」などと呼ばれる集団の存在が確認できるようになる。

「地下人」とは、一般には位など公的な地位をもたない民衆のことを意味する。しかしこの場合は、「上下京土倉《どそう》」（『親俊《ちかとし》日記』天文八年九月四日条）とも史料に見えることから、上京や下京の土倉や酒屋の集団を指していたことがわかる。

土倉とは、先にも出てきた金融業者のことだが、その多くは酒屋（造り酒屋）を兼業していたと考えられている。つまり土倉や酒屋といえば、中世京都きっての裕福な人びととして知られていた。

その彼らが「地下人」と呼ばれたのは、おそらく「地下人」に「町や村の土着の人、または、そこの住人」（『日葡辞書』）という意味もあったからであろう。一般に定着度が低かったといわれている都市住民のなかにあって、土倉や酒屋は文字どおり倉を構えていたために定着度が高かったと考えられるからである。

このような意味での「上下京地下人」と「上下京宿老地下人」とが時期を同じくして登場することがたんなる偶然とは考えにくい。もちろんまったく同じものとはいえないであろうが、重なる部分も少なくなかったのではないだろうか。

もしそうであったとするなら、先に見た文明十六年の盗人騒動のときに土倉とともに「町人」が「矢軍」をしたり、また土一揆に対しても「町人ならびに土蔵方衆《どぞうかたしゅう》あい戦う」（『後法興院記《ごほうこういんき》』明応《めいおう》四年十月二十二日条）といったことが、戦国時代になって見られるようになるのは示唆に富む。

なぜなら、自分たちの住む街区や地域を守るために、土倉や酒屋と町人たちが地縁で結びつきあいながら共同の行動をとるようになっていたことがあきらかとなるからである。

おそらくは、その延長線上に大永七年のときに見られたような「上京」「二三千」といった集団が現れ、そして天文十九年、同二十二年ころになると、定着度が高く、そのため「地下人」とも呼ばれた土倉や酒屋の集団を中核にした「上下京宿老地下人」という惣町がかたちづくられていったのではないだろうか。

残念ながらこれといった史料に恵まれないため、はっきりとしたところはわからない。ただ、ここであわせて注目しておいたほうがよいと思われるのは、このような惣町や個々の町がかたちづくられる動きと並行して、じつはもうひとつの動きも見られるようになるという点である。その動きとはすなわち、惣町でもなく、また個々の町でもない、個々の町が複数集まって、共同の行動をとるというものである。

それでは、それは具体的にどのようなものだったのだろうか。節を改めて見ていくことにしよう。

2 惣町・町組・町の成立

三好長慶の文書

信長が足利義昭とともに上洛してくる少し前の京都を支配していた三好長慶《ながよし》によって、天文十八年（一五四九）七月二十一日に「当四町中《とうよんちょうちゅう》」なる集団に宛てて一通の文書（『室《むろ》町頭町《まちかしらちょう》文書《もんじょ》』）が出された。

その文書の内容とは、「去る（七月）十六日」に長慶の被官《ひかん》（家臣）である「生島弥六《いくしまやろく》」の屋敷の庭で「立売四町衆《たちうりよんちょうしゅう》」が「跳《おどり》」をおこなった際、「飛礫《つぶて》」（小石）を投げて屋敷を「破損」してしまった、そのことについて、「当四町中」で「糺明《きゅうめい》」（悪事を問い調べること）したうえ、「申し分け」（弁明）をするように、というものである。

ここに登場してくる「跳」とは、踊のことを指す。そしてこの当時、旧暦の七月中旬におこなわれていた踊といえば、風流踊《ふりゅうおどり》を意味する。

図５：風流踊の様子（『上杉本洛中洛外図屏風』米沢市上杉博物館蔵）

風流踊とは、一般にはのちの盆踊《ぼんおどり》の原型といわれているが、実際には盆踊とはかなり趣を異にしており、「さまざまな扮装をして道化を演ずる踊り」（『日葡辞書』）を意味した。もう少し具体的にいえば、若い男たちが女性の着物を身につけ、作り物と呼ばれた仮装などをほどこし、音曲にあわせて輪になって跳びはねる、華やかさと躍動感に満ちたものであった。

そのため、しばしば興奮と熱狂に包まれたようで、永正《えいしょう》三年（一五〇六）七月と天文十三年（一五四四）七月には幕府から禁止令が出されたことでも知られている（『実隆公記《さねたかこうき》』『言継卿記』）。このときもまた、その興奮と熱狂によるものだったのだろうか、「飛礫」を投げ、長慶の被官である生島弥六の屋敷を破損してしまったことがわかる。

ここで注目されるのは、その風流踊をおこない、「飛礫」を打ったのが、「立売四町衆」と呼ばれた人びとであった点である。それでは、この「立売四町衆」とはどのような集団だったのだろうか。

まず、「四町」というからには、四つの町の町人集団であったことがわかる。また、立売という言葉がつけられているので、この四つの町が上京の上立売通り(西大路)という横の街路周辺にあったこともわかる。

ちなみにこの文書は、現在まで室町頭町という町に伝えられている。したがって、四町のうちの一町がのちに室町頭町の町名をもつようになる町であったことは間違いないだろう。そして残る三町とは、『上下京町々古書明細記』によれば、室町頭町の周辺で、のちに立売町《たちうりちょう》・裏築地町・西大路町《にしおおじちょう》という町名をもつようになる町々であったことがわかる。

室町頭町は、室町通りをはさんだ両側町であり、その南側に永禄二年に信長が寄宿した裏築地町が位置する。また、立売町・西大路町は、ともに上立売通りをはさんだ両側町であった(地図3)。

町組の登場

つまり「立売四町衆」とは、上立売通りと室町通りが交差するところを中心に成立した四つの町の町人集団を意味した。この上立売通りと室町通りとが交差するところは、「立《たち》売辻《うりのつじ》」とも呼ばれ、戦国時代には徳政令の札が幕府によって立てられたところとしても知られている(『室町家御内書案《ごないしょあん》』)。

徳政令の札が立てられるということは、それを周知させる意味があるから、往来の激しい繁華な場所だったのだろう。したがって、のちに室町頭町・立売町・裏築地町・西大路町の町名をもつようになる四つの町は、上京のなかでももっともにぎわったところに成立した町々であった。

今回、その四つの町に宛てて文書が出されたという事実からは、その四町の町人集団が風流踊を共同でおこなっていたことがわかる。と同時に、その集団による逸脱した行為を「当四町中」という、これまた四つの町がまとまった集団に対して三好長慶が「糺明」させようとしていたこともわかる。

つまり、ここから個々の町が喧嘩ばかりをしていたわけではなく、ある一定のまとまりをつくり、しかもそのまとまりで自らの集団が起こしたことについて解決できる力ももっていたことがあきらかとなる。

このような「立売四町」や「当四町中」といった複数の町のまとまりは、のちに町組《ちょうぐみ》と呼ばれるようになるが、先に見た惣町や個々の町とは別のかたちの自治も立ち上がっていたことが知られよう。

風流踊から見える町組の実態

それでは、この町組と惣町、あるいは個々の町との関係というのはどのようなものだったのだろうか。じつは、この点についても風流踊をとおして見ることができる。

そのことがわかる風流踊がおこなわれたのは、元亀《げんき》二年（一五七一）七月のこと。時期としては、すでに信長が上洛して以降のことになるが、しかし信長にとってこのころというのは、その生涯のなかでももっとも苦しい時期にあたっていた。

というのも、永禄《えいろく》十一年（一五六八）に足利義昭とともに上洛したものの、京都を含めた畿内近国には、越前《えちぜん》の朝倉氏や江北《ごうほく》（近江国北部《おうみのくに》）の浅井氏をはじめとした数多くの抵抗勢力が存在し、信長はそれらとの死闘を繰り返していたからである。

この死闘のことを年号にちなんで元亀争乱と呼んでいるが、この元亀二年七月もまた、信長はその渦中にあって在京していなかった。

その七月二十五日のこと、「上京 中の躍《かみぎょうちゅうのおどり》」が「武家」（足利義昭の御所）へ参るという噂を山科言継は耳にする。そこで、急いで義昭の御所へと参上し、義昭とともに「南の楯《たて》」でそれを見物したということが『言継卿記』には記されている。

注目されるのは、その「上京中の躍」が、「一条室町」「西陣 廿 一町 与《にじゅういっちょうぐみ》」「立売」「絹屋町《きぬやちょう》 小川《おがわ》」といった四つの集団によって構成されたものであったことがわかる点である。

この点については、『元亀二年記』という史料にも「上京中躍四花《よつはな》」と記されていることから確認できる。ここに見える「花」とは、風流踊の輪の中心に立てられた花笠を意味し、おそらくそれによって四つの集団が区別できるようになっていたのだろう。

ちなみに、これから四日後の七月二十九日には、「下京衆四鼻《よつはな》」「二百余人ずつ」が「武家」へ参ったと『言継卿記』は伝えている。これによって、このとき上下京の風流踊が、総勢およそ千六百人にも及ぶ巨大なものだったことが知られよう。

それでは、この上下京の踊を構成するおのおの四つの集団とはどのような集団だったのだろうか。その答えは、「上京中の躍」を構成する集団のひとつに「西陣廿一町与」と見えることから、「町与」＝町組であったことがあきらかとなる。

したがって、残る「一条室町」「立売」「絹屋町小川」もすべて町組を意味するわけだが、このうちの「立売」とは、おそらく先の「立売四町」が発展してできた町組を表すのだろう。もちろん下京の場合も同様に、四つの町組による風流踊であったと考えられる。

ここから風流踊が町組と深い関係にあったことがわかるが、上下京の踊がおのおの町組の踊によって構成されていたという以上、上下京という惣町もまた複数の町組によってかたちづくられていたと考えることができよう。

ただその一方で、逆に惣町のほうが複数の町組に分かれていったと考えることも可能である。というのも、のちにもふれるように、翌元亀三年（一五七二）には、上京の町組の数が立売組・中筋組《なかすじくみ》・小川組・川ヨリ西組・一条組の五つであったことが確認でき、このうち、「立売」と立売組、「西陣廿一町与」と川ヨリ西組、「一条室町」と一条組とが対応するとみられる以上、「絹屋町小川」は中筋組と小川組のふたつの町組へと分かれていったと考えざるをえないからである。

もっとも、この惣町と町組の関係についても、これといった史料がないので確たることはいえない。おそらくは両方向からの動きがあったと見たほうがよいのであろう。

町組から個々の町への伝達

このようにして元亀二年（一五七一）の風流踊をとおして史料のうえに登場してきた町組には、それではどのような町々が所属していたのであろうか。この点については、幸いにそれを知ることのできる史料が残されている。

その史料とは、元亀二年に記された『元亀二年御借米之記《おんしゃくまいのき》』とその翌三年（一五七二）の年紀をもつ『上下京御膳方御月賄米寄帳《ごぜんかたおんつきまかないこめよせちょう》』という二冊の記録である（『禁裏御倉職立入家文書』）。

この二冊の記録が残された背景には、『信長公記』巻四が伝えるように、この時期の

「禁中《きんちゅう》」（内裏）の経済的困窮を目のあたりにした信長が、その助成として「洛中町人」に「属託《そくたく》」（金品）を預けおき、その「利足《りそく》」を「毎月進上」できるようにと取り計らったことがあった。

もっとも、このとき信長がくだした命令の内容を示す文書（『上京文書』）によれば、実際は、「京中」の「一町」に「五石ずつ」の「八木《はちぼく》」（米）を預けおき、その「利平《りびょう》」（利息）「三和《わ》利」（三割）にあたる「壱斗弐升五合ずつ」の米を「来年正月より」「毎月」「進納」させるものであったことがわかる。

この文書は、元亀二年十月十五日付で「明智十兵衛光秀」ほか四人の信長家臣の連署で出されたものだが、注目されるのは、それが「立売組中」にあてられたものであったという点であろう。ここから信長の命令が、光秀らから町組をとおして個々の町へと伝えられていたことがあきらかとなるからである。

『元亀二年御借米之記』とは、この命令を受けた個々の町の代表者である「月行事《がちぎょうじ》」や「行事」が確認のため署名と花押《かおう》（直筆のサイン）などを据え、それを光秀らに提出した記録である。それがさらに禁裏《きんり》御《お》倉《くら》（内裏の財産をあずかる土倉）であった立入《たてり》宗継《むねつぐ》に渡されたため立入家に残されたのであった。

このように『元亀二年御借米之記』は、この時期の個々の町を代表する人びとの名がわかる点でも貴重な史料といえるが、ただ残念なことに上京の分が残されておらず、下京の分しかわからない。それでも、このとき下京にあった町組やそれに所属する個々の町名までがわかる点は貴重といえよう。

町名に宿る歴史

表1は、その情報を一覧表にしたものだが、これによって下京には、中組《なかぐみ》（「中くミ」）・丑寅組《うしとらぐみ》（「牛寅くミ」）・川西組《かわにしぐみ》の三つの町組とおのおのに所属する四十五に及ぶ町々が存在していたことがわかる。

もっとも、これより前の七月におこなわれた風流踊では、「下京衆四鼻」が「二百余人ずつ」の集団をつくっていたので、少なくとも町組は四つはあったはずである。それがなぜ、『元亀二年御借米之記』では三つの町組しか登場してこないのか、その事情についてはさだかではない。

また、丑寅組のところには、わざわざ「十五町」と記されているのに、町数を数えてみると十七町であるなど、一致しないところもある。ただ、これは「二条たこやくし町《ちょう》」「釜座町《かまんざちょう》」「六角如来堂町《ろっかくにょらいどうちょう》」「町頭町《まちがしらちょう》」がいずれも「半町」（半丁）と記されていることが関係しよう。半町とは、片側町のことを意味するが、どうやら『元亀二年御借米之記』で

表1

元亀二年御借米之記				
下京	中くミ	十七町	1	矢田町
			2	錦小路町
			3	山伏山町
			4	四条町
			5	こゆいたな町
			6	革棚町
			7	東綾小路町
			8	善長寺町
			9	白楽天町
			10	庭鳥ほこ町
			11	扇座之町
			12	袋屋町
			13	四条坊門町
			14	六角町
			15	ゑひすの町
			16	西錦小路町
			17	かんこくほこ町
	牛寅くミ	十五町	1	六角室町
			2	三条室町
			3	ゑんの行者町
			4	場町
			5	衣棚町
			6	御池町
			7	二条たこやくし町 半丁
			8	三条町
			9	釜座町 半丁
			10	六角如来堂町 半町
			11	橋弁慶町
			12	御蔵町
			13	七観音町
			14	六角ほねや町
			15	円福寺町
			16	四条坊門うハ柳町
			17	町頭町 半丁
	川西組	十一町	1	綾小路西洞院
			2	四条西洞院町
			3	四条かさほく町
			4	綾小路あしかり山町
			5	五条坊門油小路
			6	高辻油小路
			7	五条坊門清町
			8	四条坊門西洞院町
			9	四条油小路町
			10	錦小路油小路町
			11	四条坊門油小路

は、町数は両側町の数で計算されていたと考えられるからである。

なお、町名のほうにも目を移してみると、たとえば川西組では、「綾小路《あやのこうじ》西洞院《にしのとういん》」や「四《し》条《じょう》坊門《ぼうもん》油小路《あぶらのこうじ》」など、横の街路と縦の街路が交差したところだけを町名としているものが見られる一方で、「四条かさほく町《ちょう》」や「綾小路あしかり山町《やまちょう》」、あるいは「五条《ごじょう》坊門清町《ぼうもんきよしちょう》」のように、固有の町名をもつものもあったことがわかる。

このような違いがどこからくるのかについてはわからないが、中組や丑寅組に所属する町の町名なども考えあわせてみると、街路の交差を示すだけの町名から固有の町名へという流れはあったように思われる。

ちなみに「四条かさほく町」「綾小路あしかり山町」の「かさほく」「あしかり山」とは、ともに祇園祭（祇園会）の山鉾の名が町名の一部になったものである。しかも、この両町は現在も「傘鉾町《かさほこちょう》」「芦刈山町《あしかりやまちょう》」といい、祇園祭のときには傘鉾と芦刈山を出している。これなどは、町名そのものにも歴史が宿っていることを示す好例といえよう。

町名を伝える史料

先にもふれたように、『元亀二年御借米之記』には、下京の情報だけしか記されていない。そのため、上京のようすについてはわからないわけだが、ただこの点を補うことのできる史料が残されている。それが、『上下京御膳方御月賄米寄帳』である。

『上下京御膳方御月賄米寄帳』は、五石の米を預かった上下京の個々の町が、元亀三年（一五七二）正月より毎月進納しなければならない利息の米高について、町組ごとにことこまかに記された記録である。したがって、この『上下京御膳方御月賄米寄帳』を見ることで、元亀三年段階での上下京の町組とそれに所属する個々の町の町名まで知ることができる。

表2はそれを一覧表にしたものだが、ここでまず注目されるのは、なんといっても『元

亀二年御借米之記』には記されていなかった上京について、一条組・立売組・中筋組・小川組・川ヨリ西組という五つの町組があったことがわかる点であろう（地図2）。

先にもふれたように、元亀二年の風流踊をとおして上京には四つの町組があったことが知られるが、それが元亀三年段階でひとつ増えたこともあきらかとなるからである。

また下京についても、元亀三年段階では「中組」「丑寅組」「川ヨリ西組」という三つの町組があったことがわかる。もっとも、こちらのほうは『元亀二年御借米之記』と基本的に変わるところはない。唯一、『元亀二年御借米之記』では川西組とみえるのが、『上下京御膳方御月賄米寄帳』では川ヨリ西組と記されているぐらいである。

ちなみに、この川ヨリ西組という名前の町組については、同じものが上京にもあったことが『上下京御膳方御月賄米寄帳』によってわかる。しかし、上京の場合の川とは堀川《ほりかわ》のことであり、また下京の場合は西洞院川《にしのとういんがわ》のことになる。川までが同じであったわけではないことには注意が必要であろう。

町と町との格差

町組について個々の町のほうにも目を移してみると、『元亀二年御借米之記』では見られなかった町が複数、下京に関しては『上下京御膳方御月賄米寄帳』で見られることがわかる。

具体的には、中組では「五条坊門　町尻《まちじり》」、丑寅組では「まんちうや町《ちょう》」、川ヨリ西組では「かんたい寺町《じちょう》」「□いらう　錦小路　かまきり山」「天神山町《てんじんやまちょう》　風早町《かぜはやちょう》」「ほりのうち」「柳井《やなぎのい》トコ井」「とくさ山町《やまちょう》」といった町々である。

ふつうに考えれば、元亀二年（一五七一）から同三年（一五七二）にかけて町組に所属する町が増えたと見ればよい。しかし、そう単純ではなさそうなのは、川ヨリ西組のところに「十一町　十七町」といった複雑な記載が見られることからもうかがえる。

元亀三年段階では町数は十七町なので、その数だけを記しておけばよいはずである。にもかかわらず、なぜわざわざ元亀二年段階での十一町のことを記しておく必要があったのだろうか。

ひとつの可能性としては、町数が増えたことをわかるようにしておいたという点が考えられる。しかし、もう一方で考えられるのは、そこには何か特別な意味合いがあったのではないかという点であろう。

じつはこの点にかかわって注目されるのが、上京の立売組のところに見られる「十四《じゅうよん》町《ちょう》　寄町《よりちょう》分《ぶん》廿九町《にじゅうきゅうちょう》」という記載である。というのも、この記載は、二十九町から十四町を引いた十五町に及ぶ「寄町」の存在を示しているからである。

表2（上京）

上下京御膳方御月賄米寄帳			
小川組	拾町	1	南御霊図子 下八町
		2	弁才天町
		3	飛鳥井殿町
		4	革堂前町
		5	うつほや町
		6	上小川
		7	今町
		8	中小川
		9	誓願寺町
		10	村雲横町
川ヨリ西組	廿一町	1	伊佐町
		2	西舟橋町
		3	北猪熊町
		4	北舟橋町
		5	ろさん寺町
		6	五辻子町
		7	観世町
		8	南大宮 薬師町
		9	山名殿町
		10	藤木下町
		11	大北小路 薗辺町
		12	石屋図子
		13	舟橋町
		14	芝薬師町
		15	堀上町
		16	花開院町 北
		17	同南町
		18	阿弥陀寺町
		19	安居院大宮
		20	寺内町
		21	芝大宮町
		22	南猪熊町
		23	千本町
		24	西北小路

上下京御膳方御月賄米寄帳			
一条組	四町	1	鑓屋町
		2	近衛町
		3	鷹司町
		4	浄花院町
立売組	十四町 寄町分廿九町	1	立売町
		2	浦辻子町
		3	東町
		4	室町上町
		5	安楽小路
		6	福長町
		7	風呂図子
		8	中武者小路
		9	上柳原町
		10	下柳原町
		11	西大路町
		12	つき山町
		13	北小路室町
		14	ひようたんの図子
		15	東武者小路
		16	かへや町
		17	片岡図子
		18	玄蕃殿町
		19	しからきの図子
		20	御霊口町
		21	今出川町 野洲井町
		22	堀出町
		23	柳図子
		24	御所八幡町
		25	二本松町
		26	なや町
		27	後藤町
		28	木下町
		29	ろあん町
中筋組	十二町	1	中御霊図子
		2	一条殿町
		3	真如堂町
		4	近衛殿町
		5	徳大寺殿町
		6	一条西口町
		7	まきゑや町 浄円町
		8	畠山殿町
		9	今図子
		10	西武者小路
		11	讃州陣町
		12	白雲町
		13	西御霊辻子 甚九郎殿浦門

表2（下京）

上下京御膳方御月賄米寄帳			
川ヨリ西組	十一町 十七町	1	綾小路 西洞
		2	西洞院 妙伝寺町
		3	四条かさほこの町
		4	かんたい寺町
		5	綾小路 あしかり山町
		6	□いらう 錦小路 かまきり山
		7	□□ 五条坊門 油小路
		8	高辻子　油小路
		9	天神山町 風早町
		10	五条坊門 きよし町
		11	四条坊門 西洞院 しれきや町
		12	ほりのうち
		13	柳井トコ井
		14	とくさ山町
		15	四条油小路　石井
		16	錦小路 油小路 藤本町
		17	四条坊門 油小路

上下京御膳方御月賄米寄帳			
中組	十八町	1	矢田町
		2	錦小路 天神山
		3	山伏山町
		4	四条町 北南、半町ツ、
		5	こゆいの棚町
		6	革棚町
		7	東綾小路
		8	善長寺町
		9	白楽天町
		10	庭鳥鉾町
		11	扇座町
		12	袋屋町
		13	四条坊門 むかてや町
		14	五条坊門 町尻
		15	六角町
		16	ゑひすの町
		17	西錦小路
		18	函谷鉾町
丑寅組	十五町	1	六角室町
		2	三条室町 ゑほしや
		3	ゑんの行者町
		4	場ノ町
		5	衣たな町
		6	御池町
		7	たこ薬師
		8	三条町 寺木
		9	釜座町
		10	六角如来堂町
		11	橋弁慶町
		12	まんちうや町
		13	御蔵町
		14	七観音町
		15	六角ほねや町
		16	円福寺町
		17	あねか小路
		18	四条坊門 うハ柳町

ここでいう「寄町」の「寄」とは、「寄子《よりこ》」＝「ほかのひとの配下にあるもの」（『日葡辞書』）の「寄」に通じるものなので、単純に町数が増えたことを示しているとはいえない。しかも立売組は、秀吉の時代においても、別名として「十四町組」、あるいは「親町《おやちょう》組《ぐみ》」と呼ばれ、親町と呼ばれた十四町のみによって町組の運営がなされていたことが知られている。

つまり立売組においては、親町と寄町（枝町《えだちょう》、下町《したちょう》）とのあいだに格差があり、それが「十四町　寄町分廿九町」という記載に反映されていたのであった。それでは、下京の川ヨリ西組の場合はどうだったのだろうか。

増える町組

そこで注目されるのが、元亀四年（一五七三）六月十八日の年紀をもつ『下京《しもぎょう》中《ちゅう》出入《でいり》之《の》帳《ちょう》』（早稲田大学図書館蔵）という記録の存在である。

この記録は、のちにくわしく見る、信長によっておこなわれた上京焼き討ちにもかかわる史料だが、注目されるのは、そこには元亀三年（一五七二）の翌年にあたる元亀四年段階での下京の町組と町数が記されている点であろう。

それによれば、下京には町組が「五くミ」あり、そのうちの四組の内訳と町数は、「中くミ」（中組）が「十七町」、「西のくミ」（川西組、川ヨリ西組）が「十一町」、「たつミのくミ」（巽組）が「八町」、「うしとらのくミ」（丑寅組）が「十五町」であったことがわかる。

残る「三町のくミ」（三町組）には町数が書かれていないが、その名前からしても、また「下京五拾《ごじゅうよんちょう》四町」（五十四町）という記載から逆算しても三町であることはあきらかである。つまり、これによって、元亀四年段階では下京にも上京と同じように五つの町組があったことが判明しよう（地図2）。

もっとも、元亀二年（一五七一）、同三年段階では確認できなかった「たつミのくミ」（巽組）と「三町のくミ」（三町組）という二つの町組が、なぜ『下京中出入之帳』になって突然登場してくるのか、その理由についてはさだかではない。ただ、ここで注意しておく必要があるのは、それ以外の町組とそれに所属する町の数が『元亀二年御借米之記』とまったく同じであるという点であろう。

なぜならこれによって、川ヨリ西組だけではなく中組や丑寅組においても、元亀二年段階に見られる町々が、立売組でいう親町のような存在としてあった可能性が浮上してくるからである。

町組は編成されたものか

こうしてみると、町と町との格差というのは、じつは上京の立売組だけに限られたものではなかったことがうかがわれる。そして、ここで改めて、元亀二年（一五七一）から同四年（一五七三）にかけて登場してきた上下京の町組に所属する町数を見てみると、ある特徴に気づくことになる。

その特徴とはすなわち、上京では一条組が四町、また下京でも三町組が三町であることに代表されるように、町組に所属する町数がきわめて少数であったという点である。

このうち三町組に所属する一町とは、祇園祭（祇園会）の山鉾巡行で先頭を飾る長刀鉾《なぎなたほこ》を出す「長刀ほこの町」である。このあたりは、下京の中心であった四条辻《しじようのつじ》（四条通りと室町通りが交差したところ）にもほど近い。したがって、そのような繁華な地域に町がわずか三つしか成立していなかったと考えるほうが不自然であろう。

つまり、これによって、元亀二年から同四年にかけて登場してきた上下京の町組に所属する町が、じつは当時の洛中にあったすべての町を網羅していなかったことが浮き彫りとなる。逆から見れば、町組に所属できなかった町の数がいかに多かったのかということを示すものといえよう。

実際、それを裏づけるように、元亀二年七月の風流踊のときでも、踊に参加していた町人がおよそ千六百人もいた一方で、「町々の見物の衆十余万人これある」と『言継卿記』は伝えている。踊に参加できず、それを見物するしかなかった町人の数もまた厖大なものであったことがあきらかとなろう。

こうしてみるとわかるように、町組と町との関係というのは、単純に町が複数集まって下から町組をつくりあげていったというわけにはいかない。むしろ、どちらかといえば、上から、つまり惣町のほうから特定の町々が編成されていったと見たほうがよいように思われる。

実際、元亀二年の風流踊が上下京ともに四つの集団＝四つの町組で構成され、そして元亀四年段階では、ともに五つの町組が存在しているなど、あまりにも整然としすぎているように見えるからである。

もっとも、仮に惣町が特定の町々を町組に編成したのだとしても、それがどのような原理でもってなされたのかについてはわからない。ただ、それでもやはり注目しておかなければならないのは、このような惣町・町組・町といった組織や枠組みが一体として登場してきたのが、元亀二年以降、つまりは信長が上洛して以降という点であろう。

その意味では、信長の上洛は、洛中の町や町人にとっても大きな出来事であったと考えられる。そこで次に、その接点の歴史を改めてたどってみることにしよう。

惣町・町組・町と信長

現在確認できる史料を見るかぎり、最初の接点とは、信長が上洛した前後の永禄十一年（一五六八）九月のことではないかと考えられる。永禄十一年九月付で「上京」「下京」に対して信長が禁制《きんぜい》（『上京文書』『饅頭屋町文書』）を出したことが確認できるからである。

禁制とは、侵攻してくる軍勢の乱妨狼藉《らんぼうろうぜき》（略奪行為）などをあらかじめ阻止するため、それを必要とする集団が軍勢の統率者と交渉し、礼銭など金銭を支払って獲得する文書のことである。これを駒形《こまがた》の立て札に書き写して必要なところに立てておくと、とりあえずの安全が確保できるからだが、したがって、このときは上洛の噂を聞きつけた上下京の惣町のほうから信長と接点をもったことになろう。

おそらく信長にとっても、このときが惣町と接点をもった初めての機会と考えられる。それが影響しているのだろう、翌永禄十二年（一五六九）三月に撰銭令《えりぜにれい》（商取引のときに銭をその質のよしあしで区別することを禁止した法令）を発した際にも、信長は洛中に対しては惣町へ宛てて文書（『室町頭町文書』）を出している。

しかも、そこには次のような興味深い一文も記されていた。

一、銭定《ぜにさだめい》違犯《ぼん》のともがらあらば、その一町《いっちょうぎ》切りに成敗たるべし、その段あい届かざ

れば、のこりの惣町一味《いちみ》同心《どうしん》に申しつくべし、なおそのうえに至りても手余りの族《やから》においては注進せしむべし、
〈一、銭定（撰銭令）を違犯した者がいたならば、まずは個々の町で処罰せよ。それができない場合は、惣町が一味同心（心をひとつに）して処罰せよ。もしそれでもてあますような者がいたならば、信長のほうへ訴え出てこい。〉

かつては、この一文を「銭定に違犯の人が出た町は、その町人すべてを処罰する。違反者を届け出ない場合は惣町を一味同心と認め処断する」と、町と惣町とを連座させて処罰するといった意味合いで解釈されていた。

このように解釈されていた背景には、信長上洛以前の町人による自治を過大に評価する傾向が影響している。それが近年の研究によって修正され、むしろこの一文は、信長が洛中へ命令を伝達するにあたって、その命令を惣町へくだすことで個々の町にまで伝わることを認識していたものと理解されるようになった。

したがって、ここからは信長が惣町と個々の町との関係を理解していたことがわかるわけだが、それと同時に、この段階では町組がまだ信長との関係において前面には出ていなかったことも知られよう。

実際、永禄十三年（一五七〇）二月三十日に信長が上洛した際にも、『言継卿記』が「上下京地下人一町に五人ずつ、吉田まで迎えにまかりむかう」と伝えているように、「上下京地下人」＝惣町が信長を出迎えていたことが見てとれる。

これらのことからもわかるように、上洛してしばらくは、信長と直接、接点をもっていたのは、個々の町でも、また町組でもなく、惣町であった。それがなぜ、元亀二年になって町組のほうにも目が向くようになったのか、その理由についてはわからない。

ただ上京の事例ではあるが、秀吉の時代には、五つの町組におのおのひとりずつ年寄《としより》がおり、その五人の年寄によって惣町が形成されるとともに、そのなかのひとりがさらに上京年寄として惣町を代表するようなかたちになっていたことも考慮に入れるなら、あるいは惣町と町組との関係のほうが、個々の町との関係よりも密接になっていたということを表しているのかもしれない。

いずれにしても、以上のことから、信長も三好長慶やその政権と同様、しだいにかたちを整えつつあった惣町・町組・町といった町人による自治の組織をふまえたうえで、洛中の支配にあたっていたことが知られよう。

逆から見れば、それは惣町・町組・町というものが信長による支配と対峙できるほどの能力を十分に備えた社会集団、共同体として成熟しつつあったことを示すものともいえるのである。

信長の寄宿地再考

これでようやく、永禄二年（一五五九）の上洛の際、信長が「御宿」をとったとされる「室町通り上京うら辻」が、上京という「惣町」のなかの立売組という「町組」に所属する、裏築地町という「町」を意味するものであったことがあきらかになったのではないかと思われる。

そこは、立売辻《たちうりのつじ》にもほど近く、また数ある町々のなかでもその古さにおいて屈指ともいえる町であった。つまり信長は、上京の中心地のなかでももっともにぎわっていたところに「御宿」をとったことになるわけだが、それがなぜ裏築地町だったのかという点についてはわからない。

ただ、これに関しては、これから十一年後の永禄十三年（元亀元年、一五七〇）三月に上洛した際、信長が「上京驢庵《ろあん》にいたって御寄宿」したと『信長公記』巻三に記されていることが多少なりとも参考になるかもしれない。というのも、この驢庵とは、『言継卿記』同年三月一日条が「信長、半井《なからい》驢庵の所へ行かる」と伝えていることから、半井驢庵という人物の屋敷であったことがあきらかとなるからである。

半井驢庵といえば、この時期の京都を代表する医師のひとりとして知られている。その医師の屋敷に信長は寄宿したわけだが、注目されるのは、『上下京御膳方御月賄米寄帳』で登場してくる立売組のなかに「ろあん町」という町名が見られる点であろう。

おそらく半井驢庵が居住していたので、ろあん町という町名がつけられたのだと思われる。このことから、信長にとって裏築地町やろあん町が所属する立売組の周辺が、寄宿するのに都合のよい場所だったと考えられよう。

もっとも、このように信長が裏築地町やろあん町に寄宿するのもこのときが最後となり、同じ元亀元年の八月二十三日に本能寺に寄宿して以降は、洛中の寺院に寄宿するかたちへとそのあり方を変えていくことになる（『言継卿記』同年八月二十三日条、『信長公記』巻三）。

その背景には、京都における信長の活動自体が大きく変化していくことがあったが、そのことについては、第四章で改めて見ていくことにして、その前に次章では、のちに信長が命を落とすことになる本能寺など日蓮宗（法華宗）寺院とそれを支えた人びとのようすを見ていくことにしよう。

おそらく信長にとって日蓮宗寺院とそれを支えた人びとのようすほど、洛中において衝撃を受けた存在はなかったのではないかと考えられるからである。

第三章　林立する日蓮宗寺院と信長

1　惣構の一角を占める日蓮宗寺院

『上杉本洛中洛外図屛風』の特徴

天正《てんしょう》二年（一五七四）三月に信長が上杉謙信《けんしん》に贈ったという『上杉本洛中《らくちゅう》洛外図屛風《らくがいず》』には、さまざまな特徴が見られる。そのひとつとして、洛中に数多くの寺院の姿、とりわけ日蓮宗《にちれんしゅう》（法華宗《ほっけしゅう》）寺院の姿が存在感をもって描かれている点があげられる。

『上杉本洛中洛外図屛風』には、ところどころに張り紙がはられ、そこに地名や寺院名などが書かれているが、それを見るかぎりでも、本満寺《ほんまんじ》（「ほうまんじ」）、頂妙寺《ちょうみょうじ》（「ちやうめうじ」）、妙顕寺《みょうけんじ》（「めうけんじ」）、妙覚寺《みょうかくじ》（「めうかくじ」）、本能寺《ほんのうじ》（「法能寺」）、本《ほん》国寺《こくじ》（「本國寺」）といった複数の日蓮宗寺院の存在を確認できる。

これは、この屛風を描いたとされる絵師の狩野永徳《えいとく》自身が妙覚寺の有力な檀徒であったことも関係しているのだろう。それとともに、本能寺が下京《しもぎょう》の惣構《そうがまえ》の西側一角を占め、また、妙顕寺・妙覚寺もその北側一角に位置していることからもわかるように、惣構に取り

図 6 ：上が妙覚寺、下が妙顕寺（『上杉本洛中洛外図屏風』米沢市上杉博物館蔵）

囲まれた戦国時代の洛中、とりわけ下京のあり方と密接な結びつきがあったことも関係すると思われる。

　実際、このことは文献史料でも確認することができ、たとえば第二章でもふれた『下京《しもぎょう》中《ちゅう》出入《でいり》之《の》帳《ちょう》』を見てみると、「下京構の内、寺」という記載のなかに妙覚寺や本能寺のほかにも、立本寺《りゅうほんじ》・要《よう》法寺《ぼうじ》・妙伝寺《みょうでんじ》・妙泉寺《みょうせんじ》といった日蓮宗寺院の名を見いだすことができる。ここからは、『上杉本洛中洛外図屏風』に描かれたもの以外にも複数、日蓮宗寺院が下京の惣構のなかにあったことが知られよう。

おそらくは信長もこのように洛中に林立する日蓮宗寺院の威容を目にしたと思われるが、その寺院の数は『上杉本洛中洛外図屏風』が描かれたころには十五カ寺から十六カ寺であったと考えられている。

もっとも、それ以前は二十一カ寺であったことが知られているので、その数は減ってしまったことになる。なぜそのように減ってしまったのか。その背景には『上杉本洛中洛外図屏風』が描かれたとされている永禄《えいろく》八年（一五六五）（『御書集《ごしょしゅう》』）をさかのぼること、およそ三十年前に起こった天文法華《てんぶんほっけ》の乱という戦乱があった。

天文法華の乱とは、天文五年（一五三六）七月に洛中を舞台にして起こった、比叡山延暦寺《ひえいざんえんりゃくじ》の大衆《だいしゅ》（いわゆる僧兵）ならびに近江《おうみ》六角氏による連合軍と、法華一揆と呼ばれた京都の日蓮宗檀徒や僧侶による集団とのあいだで繰り広げられた合戦のことを指す。

この合戦で法華一揆は敗北し、「およそ三千人ばかり」（『厳助往年記《げんじょおうねんき》』七月二十七日条）とも、「一万人」（『快元僧都記《かいげんそうずき》』八月二十九日条）ともいわれる戦死者を出すとともに、日蓮宗寺院もことごとく焼き討ちされ、おもだった僧侶たちは京都から和泉国《いずみのくに》の堺へと避難を余儀なくされることになった。

その避難生活に終わりが告げられたのは、乱から六年後の天文十一年（一五四二）のことである。この年の十一月に後奈良《ごなら》天皇の綸旨《りんじ》（『両山歴譜《りょうざんれきふ》』）が出され、帰洛が許されたためである。しかし結局のところ、寺院数自体は乱前の二十一カ寺に戻ることはなかった。

天文法華の乱後の復興

ところで、天文法華の乱は洛中を舞台とした合戦であったため、当然のことながら日蓮宗寺院以外にも被害が及ぶことになった。その被害の状況は、諸記録が伝えるところによれば、「洛中過半焼亡《しょうぼう》」（『公卿補任《くぎょうぶにん》』）、あるいは、「下京ことごく放火、上京過半炎上」（『厳助往年記』七月二十七日条）、「下京大略焼けおわんぬ、上京三分の一ばかり焼く」（『後《ご》法成寺関白記《ほうじょうじ》』七月二十七日条）といったように、下京は灰燼《かいじん》、上京も三分の一が失われる甚大なものであったことがわかる。

第一章でもふれたように、応仁・文明の乱によってさほど被害をうけなかったと考えられる下京は、明応《めいおう》三年（一四九四）の大火によって炎上、そののち復興が図られてきたものの、それもこのとき再びご破算となってしまった。同様に、上京もまた、その三分の一をこのときに失ってしまったことがわかる。

一般に応仁・文明の乱によって洛中は焼け野原になってしまったかのようなイメージがもたれているが、しかし実際はその後の大火や戦乱による被害のほうがはるかに甚大だったことがここからも知られよう。

もっとも、ここであわせて注目しておかねばならないのは、この天文法華の乱後の復興が思いのほか急速に進んだと考えられる点である。というのも、戦国時代以降、下京の町《ちょう》や町人によって担われることになった祇園祭《ぎおんまつり》（祇園会《え》）の山鉾《やまほこ》巡行が、天文法華の乱からわずか二年後の天文七年（一五三八）にはおこなわれたことが確認できるからである（『親俊日記《ちかとし》』十二月二十一日条）。

このとき実際にどれだけの山や鉾が巡行したのかまではわからないが、少なくとも山や鉾が巡行したという以上、ある一定数の町が復興され、また町人たちも帰住していたことになろう。

祇園祭は、応仁・文明の乱によって中断を余儀なくされ、その再興までには三十三年という年月がかかったことで知られている。それと比べてみても、今回の事態がいかに驚くべき早さであったのかはあきらかであろう。しかも、応仁・文明の乱のときにはさほど被害を受けなかったのに対して、今回は完全に焼け野原になってしまったにもかかわらずである。

なぜこのような違いが生まれたのか。それに対する答えを出すことは容易ではないが、おそらくは第二章でふれたような、社会集団、共同体としての町や惣町《そうちょう》が天文法華の乱以前に成立していたことなどが大きくかかわるのだろう。

応仁・文明の乱後のときとは異なり、人びとの結びつきが町や惣町といった地縁によるものになったことによって、洛中の再興が地域の再興というかたちで進められていったと考えられるからである。

じつは同様のことは、のちにもふれるように、信長による上京焼き討ち後にも見ることができる。ここからは、町や惣町の成立が、自衛や自治だけにとどまらず、都市の復興にも大きく寄与したことが知られよう。

日蓮宗寺院を支えた檀徒・信徒

いずれにしても、天文法華の乱ののち、洛中の日蓮宗寺院は乱前と比べてその数を減らすことになったわけだが、ただ『上杉本洛中洛外図屏風』を見るかぎりでは、その存在感までが低下したようには思われない。

たとえば、天文法華の乱以前の京都のようすを描いたとされる『歴博甲本《れきはくこうほん》洛中洛外図屏風』に見える寺院の数やその姿と比べてみても、むしろ存在感を増したといってもよいように思われるからである。

もしそうでなければ、第一章でもふれたように、将軍足利義輝《よしてる》が日蓮宗寺院のひとつである妙覚寺を仮の御所にすることもなかったであろう。また、そののち信長も同じように妙覚寺を寄宿所として使用し続けることなどなかったに違いない。

それでは、なぜこのように日蓮宗寺院は天文法華の乱後も繁栄を続けることができたのであろうか。この問いに対する答えは、たとえば日蓮宗寺院のひとつである本国寺のことにふれた、次のイエズス会宣教師の手紙（『耶蘇《やそ》会士《かいし》日本通信』）に見える一節からも引き出すことができる。

彼ら（坊主ら）の収入は大なるが、主たるものは檀家の寄進にして、彼らはこれによりて支持せられ、これによりてぜいたくに衣食す。その家の建築と修復はいっさい檀家これを負担し、必要に応じ家を建て装飾をなし、また清掃す

すなわち、日蓮宗寺院の繁栄は、それらに対して篤い信仰を寄せる多数の「檀家」（檀徒や信徒）の存在によって支えられていたのであった。

じつは、このようなあり方は、荘園制といった中世的な土地制度に立脚する、いわゆる旧仏教（顕密《けんみつ》仏教ともいう）系の寺院とは決定的に異なる点として知られている。それは、日蓮宗や浄土《じょうど》真宗《しんしゅう》など、いわゆる鎌倉新仏教と呼ばれる宗派に独特なものであった。

もっとも、そうはいっても、日蓮宗の場合、当初からこのように洛中で数多くの檀徒や信徒を獲得していたわけはでない。もともと関東で産声をあげた日蓮宗は、宗祖日蓮の孫弟子にあたる日像《にちぞう》が鎌倉時代末期に上洛して以降、京都でも布教が始められたものの、その後も延暦寺大衆による弾圧に見舞われるなど、さまざまな困難が続くことになったからである。

そのような状況に大きな変化が見えだしたのは、応仁・文明の乱後、つまり戦国時代に入ってからである。史料のうえで、「法華宗の繁昌、耳目をおどろかすものなり」（『宣胤《のぶたね》卿記《きょうき》』文明十年三月二十六日条）とか、「京都に日蓮宗繁昌して、毎月二箇寺、三箇寺ずつ出来《しゅったい》し、京都おおかた題目の巷となれり」（『昔日北花録《せきじつほつけろく》』巻三）と見られるように、その教線が爆発的に広がったようすが知られるからである。

洛中に広がる題目の声

このうち、「京都おおかた題目の巷」とは、日蓮宗の信仰が洛中に広がり、多くの人びとによる「南無《なむ》妙法蓮華経《みょうほうれんげきょう》」という題目の声が満ちていたようすを伝えたものである。洛中における浸透ぶりを伝えてあまりある言葉といえようが、実際、応仁・文明の乱後になると、寺院が建てられる場所についても、次のような変化が起こっていたことが知られる。

彼の寺造作《ぞうさく》などのこと、大宮の少路《こうじ》（大路）以東に出《い》だすべからざるのよし定められおわんぬ、しかるに今度の文明の乱以後、京中に充満す、

〈かつて日蓮宗寺院は、大宮大路より東には建ててはならないと定められていた。しかし、応仁・文明の乱以降は洛中に林立するようになっている。〉

これは第一章でも見た九条尚経《ひさつね》の日記『後慈眼院殿御記《ごじげんいんどのぎよき》』明応三年（一四九四）十月十三日条に記された記事である。

この日、旧暦の十月十三日は日蓮の忌日にあたり、日蓮宗寺院では祖師忌《そしき》の法要がおこなわれていた。右は、その際に「法華のともがら」が「おのおの本寺に詣」でるにぎわいぶりを目のあたりにして書きとどめられた記事の一部である。

ここで注目されるのは、「文明の乱」（応仁・文明の乱）以前には日蓮宗寺院は「大宮の少路」（大宮大路）より東には建てることができないという「定め」のあったことが知られる点である。

大宮大路といえば、第一章でもふれたように、室町時代においては、洛中と洛外の境界

のひとつとして知られていた。したがって、ここからは、少なくとも応仁・文明の乱以前では日蓮宗寺院は洛中には建ててはならないという「定め」があったことがわかる。とともに、それが乱をはさんでのちには有名無実となり、大宮大路を越え、洛中にも数多くの寺院が建てられるようになったことも読みとれよう。

おそらくここに見られる「定め」とは、尚経のような公家のあいだで共有されていた一種の認識のようなものと理解される。しかしそれでも、日蓮宗信仰の拡大が「文明の乱以後」（応仁・文明の乱以後）であることを言い表している点では貴重な証言といえよう。

公家・武家社会にも浸透

ちなみに、右の記事のすぐあとには、尚経が生まれた九条家と同じく公家のなかでも最上位に位置する摂家《せっけ》のひとつ、近衛家において、近衛房嗣《ふさつぐ》が「彼の宗を尊ばれ」、その子政家《まさいえ》の時代になって「一宗に属す」と、応仁・文明の乱以降、近衛家が日蓮宗を篤く信仰し、その有力な檀徒になったことについてもふれている。

この近衛家による日蓮宗信仰は有名な出来事として知られているが、その近衛家が檀徒となっていたのが『上杉本洛中洛外図屏風』にも描かれている本満寺であった。また、同じ記事のなかには、公家の花山院政長《かざんいんまさなが》も「彼の宗に属」し、「門前に」題目の書かれた

「札を押」していたと見える。

このように、『後慈眼院殿御記』からは、応仁・文明の乱以降、日蓮宗が公家社会にも浸透していったようすがうかがえるが、それは武家社会においても同様だったようで、「武家に召しつかわる」椿阿弥《ちんあみ》なる人物のように「法花（華）宗信心、他に異なる」と呼ばれるものまでが登場するにいたっていたのである（『後法興院記《ごほうこういんき》』文亀《ぶんき》三年三月十九日条）。

いずれにしても、日蓮宗の信仰は、応仁・文明の乱以降、公家や武家まで巻き込んで広く人びとのあいだに浸透していったようすが見てとれる。このように劇的な変化が起こった背景としては、この時期になってようやく個人の信仰というものが庶民にいたるまで広がっていったことが関係すると思われる。

そのことを示すように、このころの信仰のあり方は、師檀関係といって、ひとりの宗教者とひとりの信者とのあいだの一対一の関係で成り立っていた。つまり、江戸時代以降に一般的となる寺院と家といった集団同士で成り立つ寺檀関係ではなかったところに特徴が見られる。したがって、同じ家のなかでも夫婦や親子で帰依する宗教者や宗派が異なることも珍しくなく、そのうえ帰依する宗教者や宗派が転々と変わることすら珍しくなかった。

このような状況はおそらくそれ以前にも、またそれ以後にも見られなかったと思われるが、それは逆から見れば戦国時代が庶民を含めた人びとにとって信仰が欠かせないほどに生きにくい時代であったことを示すものといえよう。

なによりまず、戦乱やそれにともなうさまざまな暴力によって、つねに命の危険にさらされていたし、また飢饉や疫病、さらには自然災害など、自らの力ではどうしようもない災厄によっていつ命を落としても不思議ではない時代だったからである。

また、応仁・文明の乱以前においては、圧倒的な存在感でもって旧仏教（顕密仏教）が宗教界を支配してきたのに対し、乱後はその支配もしだいにゆるんでいったということも重要であろう。もしそうでなければ、戦国時代という時代だけに、法華一揆や一向一揆といった新仏教系の宗教一揆が登場してくることなどありえなかったと考えられる。

十六本山会合の成立

ところで、『上杉本洛中洛外図屛風』が描かれたとされている永禄八年（一五六五）は、洛中の日蓮宗寺院にとっても記念すべき年であった。

というのも、その年の六月に洛中の日蓮宗寺院十五カ寺（本禅寺《ほんぜんじ》・本法寺《ほんぽうじ》・妙顕寺・妙蓮寺・本隆寺《ほんりゅうじ》・立本寺・本国寺・本能寺・妙満寺・頂妙寺・要法寺・妙泉寺・妙伝寺・本満寺・妙覚寺）が、会合《かいごう》あるいは諸寺《しょじ》と呼ばれる組織を結成したことで知られているからである。

このの ち、寺院の数は十六カ寺として一定を見るので、この組織は一般に十六本山会《じゅうろくほんざんかい》合《ごう》と呼ばれている。そして、これが結成される背景には、前年の永禄七年（一五六四）八月に結ばれた永禄の盟約というものがあった。

じつは、日蓮宗（法華宗）は、鎌倉時代の僧日蓮を宗祖とする点では同じでも、その内実は教義の理解の仕方などによって相当の違いがあったことで知られている。また、その違いがあったからこそ、切磋琢磨して教線を伸ばすことができたとも考えられているが、ときにはその違いをめぐって、寺院同士で「合戦」（『後法興院記』明応五年六月二十七日条）に及ぶことすらあった。

したがって、そのような独立性の強い各寺院が盟約を結んだうえ、ひとつの組織を結成することなどそれ以前では考えられなかった。それがなぜこのとき実現したのであろうか。その背景には、同じ年の五月に洛中で起こった将軍足利義輝《よしてる》の暗殺事件があったと考えられている。つまり、義輝暗殺後の政情不安に際して一致団結して対応していかなければ、宗派としても、また寺院としても存続できないという判断があったと考えられている。

あるいはまた、戦国時代末期という厳しい時代そのものが日蓮宗寺院の団結をうながしたと考えたほうが実際的かもしれないが、ここで注目されるのは、このとき会合がとった諸勢力との対応の仕方についてであろう。というのも、会合は、洛中を舞台に軍事的な衝突をしかねない諸勢力に対して音信《いんしん》や礼銭《れいせん》・礼物《れいもつ》といった金品を贈ることで良好な関係を取り結ぼうとしたからである。

一見すると消極的な対応のように見えなくもない。しかし、これより前、天文年間にふたつに分かれて争っていた幕府権力の一方に肩入れしたため天文法華の乱を招いてしまったことを思い返すなら、きわめて現実的な対応であったといえよう。

すでに第一章や第二章でも見たように、「寄宿免除」の文書や禁制などを獲得するために礼銭など金銭が支払われることは、戦国時代ではけっして珍しいことではなかった。このことからもわかるように、戦国時代においては、いわば安全を金で買うという行為が、現代人の想像をはるかに超えて有効であったことには注意しておく必要があろう。

もちろん、そのような対応をとるにあたっては、それなりの経済的な裏づけも必要となるわけだが、じつは会合はそれをまかなうための共有財政をつくりだす組織でもあった。そして、その共有財政を支えたのもまた、各寺院や各僧侶に帰依する多数の檀徒たちだったのである。

それでは、檀徒たちはその共有財政をどのようにして支えていたのだろうか。幸いにその一端を知ることのできる史料が残されている。そこで、次にその史料をとおしてこの時期の日蓮宗寺院と檀徒のようすについて見ていくことにしよう。

2　信長と敵対していなかった日蓮宗寺院

狩野家と洛中勧進

昭和五十七年（一九八二）、頂妙寺において十六本山会合の共有文書である『京都十六本山会合用書類』が発見された。この共有文書の発見によって戦国時代の会合の研究は飛躍的に進むことになったが、じつは問題の史料もそのなかに含まれていた。

その史料とは具体的には四冊の帳簿であり、そしてその表紙には共通して「諸寺勧進帳丙子《ひのえね》拾月《じゅうがつ》十日これを始む」と書かれていた。ここに見える「諸寺」とは会合のこと、また「丙子」とは天正四年（一五七六）を意味することがあきらかにされている。よって、この四冊の帳簿『諸寺勧進帳』は、天正四年十月十日から会合によって始められた勧進の記録であることがわかる。

天正四年といえば、近江国《おうみのくに》では安土城の築城が始まり、洛中でも信長の御座所である二《に》条《じょう》御新造《しんぞう》（二条殿御屋敷）が造営され始めた年にあたる。つまり、京都はすでに信長の支配下にあった。

一方、勧進とは、寺院などの修造や造営を目的とした一種の募金活動を意味する。この場合、会合がそれをおこなっているので、その対象は洛中の日蓮宗檀徒に限られることになろう。

そのこともあって、今回の勧進は洛中勧進とも呼ばれているが、注目されるのは、『諸寺勧進帳』にはこのときの勧進に協力した檀徒の名前や喜捨《きしゃ》した銭の額、そして帰依する僧侶の名前までがことこまかに記されている点である。

つまり、この『諸寺勧進帳』を見ることによって、これまでまったく知られていなかった天正四年段階での洛中の檀徒のようすをつぶさに知ることができるからである。そこでまずは、具体的にその一部を見てみることにしよう。

狩野辻子《ずし》
妙覚寺大行坊《だいこうぼう》　五貫文《かんもん》　ル　狩野法眼《ほうげん》
同　円台坊《えんたいぼう》　壱貫文　ル　狩野与次《よじ》
（略）
本国寺大雄坊《だいゆうぼう》　壱貫文　リ　新二郎

以上拾六貫弐百文のうち
銀十七匁《じゅうななもんめ》二《に》分《ぶ》過《すぎ》　びた五貫文なり、

一見してわかるように、『諸寺勧進帳』の記載の仕方には特徴が見られ、まず上段に帰依する僧侶名、ついで中段に喜捨の額、そして下段に檀徒の名前が記されるかたちとなっていた。したがって、最初のほうに見える「狩野法眼」という檀徒は、妙覚寺の大行坊という僧侶に帰依し、そしてこのとき喜捨した額が銭で五貫文＝五千枚であったことになる。

ちなみに、この狩野法眼という人物であるが、戦国時代の狩野法眼といえば、ふつうは絵師の狩野元信《もとのぶ》の名前が浮かんでくる。しかし、その元信は永禄二年（一五五九）に亡くなっているので、ここに見える狩野法眼は元信ではない。おそらくその子孫にあたる人物なのだろう。

もし仮に元信の孫であったなら、それは『上杉本洛中洛外図屛風』を描いた狩野永徳《えいとく》となる。しかし、今のところはそれを確定できる材料に恵まれない。ただ、仮に永徳ではなかったとしても、法眼を名乗っている以上、狩野家を代表する人物であったことは間違いないであろう。

したがって、この狩野法眼の次に見える「狩野与次」もまた狩野家の一族となるが、その狩野家ではおのおの妙覚寺の僧侶と師檀関係を結ぶとともに、「狩野辻子」という町《ちょう》に居住していたことがわかる。

じつは、『諸寺勧進帳』の記載の仕方のもうひとつの特徴としては、このように町ごとに檀徒をまとめている点にある。これは、『諸寺勧進帳』をとりまとめるにあたって、会合に提出された「洛中勧進記録」という文書がそのように記載されていたためである。したがって、このときの勧進では、町ごとに檀徒にかかわる情報や喜捨の銭が集計されていたこともあきらかとなろう。

天正四年の洛中勧進

このように『諸寺勧進帳』は、天正四年(一五七六)段階で檀徒たちがどの町に居住していたのかがわかる点でも貴重な史料といえる。と同時に、それはそのまま、天正四年段階での洛中の町名を知ることのできる史料ともいえよう。

そこで、『諸寺勧進帳』に見える町名を冊子ごとに一覧にしてみたのが表3である。参考のため、「洛中勧進記録」のほうに見える町名も並べておいたが、これを見てすぐ気づくことは、『諸寺勧進帳』に見られる町名が上京のものに限られるという点であろう。

洛中勧進そのものは、『京都十六本山会合用書類』に残される史料(「諸寺勧進銭萬《せんよろず》納《おさめ》

表3

第1冊

『諸寺勧進帳』に見える町名	「洛中勧進記録」に見える町名	喜捨の総額	町組
一条小島町	一条小島町	31貫文	立売
新屋敷弁才天町	しんまちへんさいてんちやう	2貫610文	小川
近衛町（近衛室町）	このへ町	5貫20文	一条
舟橋辻（町）	ふなはし辻	1貫500文	川ヨリ西
下柳原町	下柳原町	5貫200文	立売
冷泉室町	冷泉室町（冷泉町）	11貫300文	一条
頂妙寺ノ前町	ちやうめうちのまへ町	1貫350文	
一条出口東町	一条出口東町	1貫700文	
一条室町	●	31貫300文	
大炊御門室町鏡屋町	大炊御門室町鏡屋町	12貫文	
五霊通子西東二町	五霊通子西東二丁	13貫文	中筋
新町二条町	新町二条町	500文	
鷹司室町	鷹司町	17貫400文	一条
白雲町	白雲町	15貫文	中筋
裏築地町	裏築地町	30貫文	立売
畠山殿辻子	●	5貫文	中筋
立売	立売町（南北）	149貫文	立売
新在家中町	新在家	34貫文	
新在家北町東	●	13貫500文	
同　北町之西	●	21貫500文	
中小川	●	19貫300文	小川
へうたんの辻子	●	3貫800文	立売
立売頭町	●	1貫文	
二本松町	二本松町	2貫320文	立売
頂妙寺下町	●	1貫750文	
今辻子	●	5貫文	中筋
上小川	●	40貫文	小川
花立薬屋町	●	10貫文	
うつほ屋町	うつほや町	22貫文	小川

第2冊

『諸寺勧進帳』に見える町名	「洛中勧進記録」に見える町名	喜捨の総額	町組
安楽小路町	安楽光院小路町	8貫310文	立売
西舟橋町	西舟橋町	25貫700文	川ヨリ西
一条日野殿町	一条日野殿町	5貫100文	
惣門築山上半町	惣門築山上半町	10貫25文	立売
築山町下半町	惣門築山南半町	10貫750文	立売
西大路	西大路	20貫文	立売
山名殿辻子	山名殿辻子	7貫100文	川ヨリ西
石屋辻子	石屋之辻子	11貫800文	川ヨリ西
藤木下	●	2貫文	川ヨリ西
風呂辻子	ふろのつし	2貫800文	立売
北小路室町	北小路室町	11貫150文	立売
羅漢風呂町	らかんのふろの町	15貫文	

室町頭上半町	室町頭上半町	5貫300文	立売
室町頭下半町	室町頭下半町	4貫700文	立売
弁才天町	弁才天町	3貫文	
堀出町	堀出町	7貫文	立売
南猪熊町	南猪熊丁	13貫550文	川ヨリ西
上柳原	●	1貫文	立売

第3冊

『諸寺勧進帳』に見える町名	「洛中勧進記録」に見える町名	喜捨の総額	町組
伊佐町	●	51貫文	川ヨリ西
大宮観世町	大宮観世町	45貫文	川ヨリ西
芝大宮町	●	35貫600文	川ヨリ西
けいかい院大宮町	●	3貫400文	川ヨリ西
香西殿町	●	1貫600文	
西北小路町	西北こうしちやう	10貫10文	川ヨリ西
芝薬師町	●	24貫500文	川ヨリ西
北舟橋町	北舟橋町	32貫100文	川ヨリ西
堀上町	堀上町	5貫270文	川ヨリ西
北猪熊町	北猪熊町	20貫文	川ヨリ西
五辻町	五辻子町	14貫670文	川ヨリ西
御屋形様町	●	400文	
大宮薬師町	●	7貫600文	川ヨリ西
廬山寺町	ろさん寺町	2貫30文	川ヨリ西

第4冊

『諸寺勧進帳』に見える町名	「洛中勧進記録」に見える町名	喜捨の総額	町組
飛鳥井殿町	飛鳥井殿町 飛鳥井殿西町	53貫200文	小川
狩野辻子	狩野殿辻子	16貫200文	
西無車少路	西無車小路	6貫文	中筋
中無車少路	中武者小路	5貫100文	立売
大炊道場町	大炊之道場町	3貫300文	
今町	今町	7貫300文	小川
革堂町（川堂）	かうたうの町	20貫650文	小川
北少路町	北小路町	31貫400文	
一条材木町	一てうまちさいもくちやう	1貫400文	
藪内丁	●	200文	
安禅寺殿町	あんせん寺之ちやう	2貫830文	
一条殿町	一条殿町	4貫400文	中筋
小川羅漢橋下町東面	小川らかんの橋下町ひかしのつら	31貫300文	
小川羅漢橋南町西面	羅漢橋南町にしのかた	31貫800文	
春日町（春日室町）	春日町	8貫文	
徳大寺殿町	徳大寺殿町	2貫950文	中筋

(註)
・（　）は、「洛中勧進記録」『諸寺勧進帳』のなかで異なった記載をされたもの。
・●は、「洛中勧進記録」のその町の分が残されていないもの。
・「洛中勧進記録」が残されていて、『諸寺勧進帳』に記載されていないものとしては、「中すち町」「しからきつし」「立売ひかし町」「御所八まん町」「かたおかつし」「新町五霊前」「御りやうのつし」があるが、その経緯は未詳である。
・ほかに、「洛中勧進記録」としては断簡が数通残されている。

分《ぶん》」）によって下京でもおこなわれたことが確認できる。おそらく、下京分の『諸寺勧進帳』や「洛中勧進記録」はどこかの段階で失われてしまったのだろう。

さて、この表3とこれより少し前にあたる元亀三年（一五七二）に作成された『上下京《かみしもぎょう》御《ご》膳方《ぜんかた》御月《おんつき》賄《まかない》米寄帳《こめよせちょう》』に見られる上京の町名（第二章の表2）を見比べてみると、興味深い事実が読みとれる。というのも、表3に見られる町名のなかには、第二章の表2と重なりあうもの（町組の名を記したところ）が多数確認できる一方で、そのときには知られていなかった町名もいくつか見いだすことができるからである。

それはつまり、このわずか四年のあいだに町が増加したことを意味するわけだが、ここで注意しておかなければならないのは、この四年のあいだに上京ではきわめて深刻な出来事が起こっていたという事実であろう。

その出来事とは、すなわち元亀四年（一五七三、天正元）四月に信長の軍勢によっておこなわれた上京焼き討ちである。そのくわしい状況については次章でふれるとして、このときの焼き討ちによって上京は天皇の住まう内裏《だいり》周辺を除いて焼け野原となった。

したがって、表3に見える各町はそのあとに復興したものとなる。このわずかな期間で元亀三年と同様、むしろそれ以上の町名が確認できるということは、すなわち上京の復興が驚異的なスピードで進んだことを示していよう。先にもふれたように、天文法華の乱後における下京の復興もきわめて急速なものであったが、上京焼き討ち後の復興もまた急速なものだったことがわかる。

近年、応仁・文明の乱をはさんで中世京都は、経済力など都市としてのさまざまな力を低下させることになったといわれている。たしかに、祇園祭（祇園会）の山鉾も乱前には六十基あったものが、乱後には三十六基しか再興できず、このことをふまえるなら、そのような理解もある程度妥当に思える。

ただ、その一方で、戦国時代、とくに天文年間以降に見られる都市としての復興スピードを考慮に入れるなら、もう少し慎重に見る必要があるようにも思われる。数量では量ることのできない都市の潜在力というものを戦国時代の京都は身につけていたのかもしれないからである。

なお、今回の洛中勧進で集められた銭の総額は、『京都十六本山会合用書類』に残される史料（「諸寺勧進銭萬納分」）によれば、下京が三百六十貫文であったのに対し、上京はその倍以上にあたる八百七十三貫四百四十五文であったことがわかる。このことからも上京の経済力が驚くべき回復を見せていたことが知られよう。

家や町の枠に縛られない個人の信仰

ところで、先に引用した『諸寺勧進帳』の記事（一二九頁）のなかには、「ル」や「リ」といった仮名の符号も書かれていた。これは、「洛中勧進記録」には見えないものである。したがって、『諸寺勧進帳』がとりまとめられるにあたってつけられたものとわかるわけだが、この符号の意味するところは何かといえば、それは、「ル」と妙覚寺、「リ」と「本国寺」とが対応していることから、寺院名を示す符号であったことがあきらかとなる。

それでは、なぜそれはつけられたのだろうか。その答えは『諸寺勧進帳』の奥書を見るとあきらかとなる。

本法寺　廿九家　代《だい》廿六貫文
本国寺　卅《さんじゆう》一《いち》家　代廿五貫八百文
立本寺　廿九家　代廿一貫八百文
（以下、略）

これは先に引用した狩野辻子が収められている『諸寺勧進帳』の奥書の一部である。これを見ればあきらかなように、師壇関係にもとづいて集められた喜捨は最終的には寺院ごとに集計されていたことが知られよう。つまり、先の符号はこの集計に使われるためつけられていたのであった。

先にもふれたように、洛中勧進は師壇関係をもとにおこなわれていたが、その師である各僧侶は基本的に各寺院に所属していたので、集められた喜捨が寺院ごとに集計されるのはある意味当然である。ただ、その一方で注意しておかなければならないのは、各寺院ごとに喜捨が集計されるにあたって、檀徒の数だけではなく、家の数までが右の奥書には記されている点であろう。

なぜ檀徒数ではなく家数だったのか、その理由は、たとえば、春日町《かすがちょう》に居住していた檀徒の情報を集めた「洛中勧進記録」の奥に「家十一間（軒）」と記され、また鷹司町《たかつかさちょう》の「洛中勧進記録」の奥にも「一町五拾八間（軒）うち当宗廿五間（軒）」と記されていることからもわかるように、檀徒たちが町ごとに喜捨を集計するにあたって、あわせて家数も報告していたためであった。

このことから逆に、洛中勧進が師壇関係をもとに喜捨が募られつつも、実際には居住する町ごとに喜捨が集計されるとともに、おのおのの檀徒の名前からその喜捨の額、そして帰依する僧侶の名前や檀徒の家数にいたるまで、ことこまかな情報を「洛中勧進記録」に記載し、銭などとともに会合へ提出するしくみになっていたことがあきらかとなろう。

したがって、一見すると洛中勧進には、社会集団、共同体としての町《ちょう》が関与していたかのように見えなくもない。しかし、おそらくそうではないだろう。というのも、白雲町《しらくもちょう》の「洛中勧進記録」には、その日付「十一月三日」の下にこの町の住人ではない「立入《たてり》祐信《ゆうしん》」という檀徒が署名しているし、また「洛中勧進記録」しか残されていないもののうち、「中すし町（中筋町《なかすじちょう》）」「しからきつし（信楽 辻子《しがらきのずし》）」「立売ひかし町（立売東 町《たちうりひがしちょう》）」「御所八まん町（御所八幡町《ごしょはちまんちょう》）」「かたおかつし（片岡 辻子《かたおかのずし》）」の「洛中勧進記録」が一通にまとめて書かれるなど、社会集団、共同体としての町が関与しているようには読みとれないからである。

また、そもそも町と檀徒集団というのは、その結びつき方が地縁に対して信仰という異質なものであり、それらを混同して見ること自体に無理がある。このような見方は、法華一揆や天文法華の乱を語る際にもしばしば見られるが、それは当時の人びとの結びつき方の多様性を無視したものといえるだろう。

そのような意味でも、洛中勧進が檀家ではなく、個々の檀徒を対象としたものであった点には、改めて注意しなければならない。そのことは、先の『諸寺勧進帳』の奥書に見える家数と喜捨の集計が比例していないことからも読みとれるが、それはつまり檀徒のあり方が家の枠にも、また町の枠にも縛られることのない個人を基本としたものであったことを表していよう。

信長対策としての銭千二百貫文

それでは、このようにして集められた喜捨は総額にしてどれくらいになったのであろうか。この点については、「天正四年十月廿日　諸寺勧進銭萬納分」と書かれた帳簿（『京都十六本山会合用書類』）を見てみるとあきらかになる。

それによれば、その総額は銭で換算して「都合千弐百卅参貫四百四十五文」（千二百三十三貫四百四十五文）、それを銀に換算すると「都合五貫八百拾壱匁《もんめ》弐分《ぶ》」（五貫八百十一匁二分）に及ぶものであった。

およそ千二百貫文あまりの銭が現代の感覚でどれぐらいの価値になるのか、中世の物価や銭の相場は一定しないことで知られており、簡単に示すことはできない。ただ、仮に米一石を銭一貫文と換算し、そして一貫文＝約二十万円と計算するなら、およそ二億四千万円あまりになろう。

これだけでも相当なものであったことがわかるが、それに『諸寺勧進帳』の表紙に記されている「拾月十日これを始む」という記載を信用するなら、この額がわずか十日ほどで集まったことになる。日蓮宗寺院を支える檀徒の経済力の大きさに改めて驚かされよう。

それではそのようにして集められた莫大な財はいったい何に使われたのであろうか。じつはそれに関する史料も『京都十六本山会合用書類』には残されている。

そこで、その史料である「諸寺勧進のうち遣わし方」と書かれた帳簿を見てみると、きわめて特徴ある使われ方がなされていたことがわかる。というのも、そこには一般の勧進で見られるような寺院の修造や造営への支出がまったく確認できない代わりに、「銀百匁　越前へ御音信《いんしん》　上様（織田信長）　しじら五端《ごたん》」や「銀五拾目　上様　雑賀《さいか》御陣の御見舞　鉄砲の薬十斤」、あるいは「銀四百六拾弐匁七分　金一枚　諸勧進停止の御折帋《おんおりがみ》のときの御礼　村井（貞勝《さだかつ》）殿」といったように、信長やその家臣に対する「音信」や「見舞」「礼（礼銀）」など、金品の贈与ばかりに使われていたことがあきらかとなるからである。

つまり、会合は銭千二百貫文あまりという莫大な財を使って、信長とその家臣たちへの対応にあたっていたのであった。もっとも、それは、先にもふれたように、音信や礼銭・礼物といった金品を贈ることで諸勢力と良好な関係を取り結んでいた会合にとってはむしろ当然のあり方といえるだろう。ただ、それ以前と比べたとき大きく異なっていたのは、天正四年（一五七六）ころになると洛中の諸勢力は、信長とその家臣に集約されつつあったという点である。

のちにもくわしくふれるように、信長はこれより前、天正元年（一五七三）に将軍足利義昭《よしあき》を京都から追い落とし、そして天正三年（一五七五）十一月には朝廷から権大納言《ごんだいなごん》と右近衛大将《うこのえのたいしょう》に任じられ、武家大将として京都に臨んでいた。しかも天正四年といえば、近江国では安土城の築城が始まり、洛中でも二条御新造（二条殿御屋敷）が造営され始めた年である。莫大な財の支出先が信長とその周辺に集中したとしても無理はなかったといえよう。

ちなみに、残された史料によるかぎり、今回のような勧進は天正四年以外にはおこなわれなかった模様である。このことからも、洛中勧進が信長権力の急速な拡大に対応するためにおこなわれた臨時的なものであったことがあきらかとなろう。

いずれにしても、このように当時としては相当高額と思われる贈与を信長はうけ、またその元手を生み出した洛中勧進のことも耳にしたと思われる。そのような信長の目から見て、洛中の日蓮宗寺院や檀徒の存在ははたしてどのように映ったのだろうか。

残念ながら、そのことを伝える史料は残されていないが、ただ、このわずか三年後の天正七年（一五七九）に洛中の日蓮宗寺院が安土宗論《あづちしゅうろん》という災難に巻き込まれることをふまえるなら、そこにひとつの答えを見いだすことは可能といえよう。

経済力も視野に入れた安土宗論

安土宗論とは、天正七年（一五七九）五月二十七日に安土城城下の浄厳院《じょうごんいん》仏殿においておこなわれた日蓮宗と浄土宗の宗論を指す。また宗論とは、宗派間の教義上の論争を意味するが、じつは日蓮宗は、このような宗論など問答をとおして布教を進める、折伏《しゃくぶく》を得意としていた。したがって、日蓮宗側にとっては願ってもない機会となるはずであった。ところが、信長にはそのようなあり方が問題と見られたらしい。

というのも、この安土宗論では実際の問答の内容のいかんにかかわらず浄土宗側の勝ちと定められたため、日蓮宗側は三カ条に及ぶ、いわゆる侘び証文（起請文《きしょうもん》）を提出させられることになったからである。しかも、そのうちの一カ条として「向後《きょうこう》他宗に対し、いっさい法難《ほうなん》いたすべからざること」（今後はほかの宗派へいっさい宗論をしかけないこと）まで誓約させられる（『言経卿記』六月二日条ほか）。

これによって、日蓮宗もこれまでの布教のあり方に転換が迫られるとともに、信長の支配下におかれるようになったと考えられている。もちろん、そのような理解も誤りとはいえないであろうが、しかし、もう少しつぶさに事態の推移を見ていくと、これとは別の理解も浮かび上がってくる。

なぜなら、このとき信長は、京都の日蓮宗寺院、すなわち会合に対して、侘び証文の提出だけを求めたわけではなかったからである。じつは、『耶蘇会士日本通信』が、「法華宗の檀徒一同に対し従前のとおり再起せんことをのぞまば金二千六百ゼシマイを主要なる十三の僧院に分担せしめて納付すべし」と伝えているように、会合に対して信長は、侘び証文のほかに莫大な礼金（礼銭）も要求していたのであった。

「金二千六百ゼシマイ」とは、『フロイス日本史』に「黄金二百枚」と見え、また、『京都十六本山会合用書類』に残される史料でも「金子弐百枚」とあるので、金二百枚を意味するのであろう。

この金二百枚に当時どれぐらいの価値があったのかという点についてもはっきりしたことは示せないが、ただ、同じころに琵琶法師の常見検校《じょうけんけんぎょう》なる人物から没収した「金二百枚」で信長は宇治川平等院の前の橋を建造している（『信長公記』巻十二）。そのことからすれば、かなりの額であったことだけは間違いないであろう。

さすがの会合も、このような莫大な礼金を自らの力だけではまかなうことはできなかったようで、和泉国の堺に所在する末寺や檀徒へも助成《じょじょう》（援助）を頼む「堺勧進」をおこなったことが知られている。

しかし、事態はそれだけにとどまることなく、翌天正八年（一五八〇）になっても、「京都諸寺へ公儀奉行衆より御礼の金催促」（『己行記《こぎょうき》』天正八年五月条）と見えるように、信長の奉行衆から礼金を催促され続けることになる。

そしてその結果、『耶蘇会士日本通信』が伝えるように、「法華宗徒が略奪によりて失うところは黄金一万を越え、その困却のきわみ、かくのごとく繁栄せる呪うべき宗派はほとんど倒るるにいたるべく」という状況にまで陥ることになった。

こうしてみるとわかるように、会合は、これまでとってきた金品を贈ることで諸勢力と良好な関係を取り結ぶという対応を逆手にとられ、信長から莫大な礼金を催促されるようになったことがわかる。

それはつまり、信長が折伏という日蓮宗独自の布教方法を問題と見ていたのと同様、洛中において威容を見せる日蓮宗寺院の姿や洛中勧進であきらかとなった経済力に対しても危惧を抱いていたことを示していよう。

信長から敵視されなかった日蓮宗寺院

もっとも、そのこととあわせて注意しておく必要があるのは、日蓮宗寺院の場合、次章でふれる延暦寺や、あるいはおよそ十年に及ぶ「石山合戦」を信長とのあいだで戦い続けた本願寺《ほんがんじ》のように、信長に敵対する存在とは見られていなかった点である。

たしかに、今回の宗論のきっかけをつくった「不伝《ふでん》（普伝）」という僧侶や「伝介《でんすけ》（大脇伝介・塩屋伝介)」という檀徒は、宗論後に信長の命令によって「生害《しょうがい》」(殺害)させられている(『兼見卿記《かねみ》』『言経卿記』五月二十八日条)。しかしその一方で、延暦寺が焼き討ちされ、また本願寺が本拠地であった大坂の地を退去させられたのと比べて、洛中の日蓮宗寺院の場合は寺地の移動すら強制されなかった。

このことからも、信長が日蓮宗寺院を敵視していなかったことはあきらかといえる。それを裏づけるように、信長はこのあとも妙覚寺に寄宿し続け、また本能寺を御座所とすることにもなるのである。

このように、信長に敵対する、あるいは信長から敵と見なされるかどうかといった点は、じつは信長との関係を見るうえで重要な鍵となるのだが、次章ではそのことを念頭に置きつつ、少し時計の針を戻して、永禄十一年(一五六八)に信長が足利義昭とともに上洛してくるところから、改めて信長と京都との関係について見ていくことにしよう。

第四章　信長と京都の深い溝

1　足利義昭と再上洛した信長

九年前とは雲泥の差

永禄《えいろく》二年（一五五九）二月の上洛からおよそ九年の年月を経た永禄十一年（一五六八）九月、信長は足利義昭《よしあき》とともに再び上洛を果たす。このとき信長、数えで三十五歳（『享禄《きょうろく》以来年代記』）。すでに尾張《おわり》・美濃《みの》の両国を平定し、本拠地を美濃の岐阜城へと移していた。『信長公記』巻一によれば、その岐阜城を信長が出発したのは九月七日のこと。「尾（尾張）・濃（美濃）・勢（伊勢）・三（三河）四ケ国の軍兵を引率し」ての出発であったという。九年前の「御伴衆八十人」とは雲泥の差といえよう。

『信長公記』巻一には、このときに信長の軍勢が進んだ道筋も記されている。それによれば、岐阜を出発した信長の軍勢は九月七日のうちに美濃国平尾《ひらお》村《むら》に陣取りし、翌八日には国境を越えて近江国高宮《おうみのくにたかみや》に着陣、十一日には愛知《えち》川《がわ》周辺にいたったことがわかる。そして、十二日には近江六角氏が立て籠もる観音寺《かんのんじ》山城《やまじょう》と箕作《みつくり》山城《やまじょう》を攻撃し、それらを十三日に落としたあとは、観音寺山近くの桑実寺《くわのみでら》へ義昭を呼びよせ、二十四日には守山《もりやま》、二十五日には琵琶湖沿いの志那《しな》・勢田《せた》（瀬田）へたどりついたという。

ただし、山科言継《ときつぐ》の日記『言継卿記《ときつぐきょうき》』の九月二十三日条には、「織田弾正忠《だんじょうちゅう》、今日三井寺《みいでら》へ出張《でば》ると云々、先勢《さきせい》山科七郷《しちごう》へ陣取り」と見え、実際の進軍はもう少し早かったようである。

いずれにしても、信長の軍勢は、おおよそ岐阜から近江国の東部、琵琶湖の東岸を進んで京都へ向かってきたことがわかる。いわゆる東山道、このころは東海道とされていた道筋である。

また、三井寺（園城寺《おんじょうじ》）に陣を張ったということは、京都へは大津より逢坂山《おうさかやま》を越え山科をとおって入る予定だったことがわかる。これも現在の東海道新幹線と一部重なるルートで入京しようとしていたと思えば、少しはイメージしやすくなるだろう。

大騒動に陥った京都

こうしてしだいに京都へと近づいてくる信長の軍勢のようすについては、洛中でも刻々と伝えられていた。そのあたりのことは、『言継卿記』を見てみるとよくわかる。

たとえば、その九月十四日条を見てみると、「六角入道承禎《じょうてい》の城落ちると云々、江州《ごうしゅう》ことごとく焼ける」と見え、六角承禎が立て籠もっていた観音寺山城落城の報が翌日には伝わっていたことが知られる。

もっとも、『言継卿記』が伝えるように、このとき「江州」（近江国）すべてが焦土となったとはデマというほかはない。しかし、現代のように情報網が発達していなかった当時においては、そのように人びとがうけ取ったとしても無理はなかったであろう。

実際、その噂をうけ、『言継卿記』が「京中辺土《きょうちゅうへんど》騒動なり」と伝えているように、「京中辺土」＝洛中洛外《らくちゅうらくがい》は大騒動に陥っていた。したがって、「尾州衆《びしゅうしゅう》、明暁出京必定《みょうぎょうしゅっきょうひつじょう》」と、「尾州衆」（信長の軍勢）が翌朝には入京しそうだとの噂が流れると、「終夜京中騒動」＝一晩じゅう洛中は大騒動になってしまったのである。

京都の人びとが信長の上洛をいかに恐れていたのかがわかるが、ただし、侵攻軍や進駐軍というのはそもそも恐れを抱かれるものであろうから、このようなことは信長の軍勢に限られたものとはいえなかったであろう。そのことは信長自身もよく承知していたらしく、『信長公記』巻一には次のような記事を見いだすことができる。

諸勢洛中へ入りそうらいては、下々《しもじも》届かざる族《やから》もこれあるべきやの御思慮を加えられ、警固を洛中洛外へ仰せつけられ、みだりがましき儀これなし、

〈軍勢が洛中へ入ったならば、なかには不届きな下々の者も出るかもしれないと信長は考慮し、洛中洛外の警固を命じた。そのため、乱妨狼藉《らんぼうろうぜき》（略奪行為）などは起こらなかった。〉

ここに見えるように、実際に信長の軍勢が洛中洛外で乱妨狼藉を起こさなかったのかどうかについては判断がむずかしい。たとえば、入京後のことではあるが、「般舟院《はんじゆいん》のこと、尾州衆破却乱妨し、無きがごときていたらく」（伏見の般舟院は、信長の軍勢によって壊され、ないのと同じありさま）と『言継卿記』九月三十日条には記されているからである。

ただし、『言継卿記』を見るかぎり、信長の軍勢による乱妨狼藉と思われるものは、右の記事ぐらいしか見いだすことができない。また、入京前の騒動と比べても、言継自身、信長の軍勢に対する恐れのようなものを日記に書きとどめなくなっているので、ある程度、規律が守られていたと見てよいであろう。

それを裏づけるように、『言継卿記』九月二十五日条には、「尾州の足軽二、三騎」が言継屋敷の近所までやってきて、「禁裏御近所の儀、かたく申しつけそうろう」と、天皇の住まう内裏《だいり》周辺の警固をはじめたことが伝えられている。

このことからすれば、『信長公記』巻一が伝える内容もあながち嘘とはいえないであろうが、もちろん京都の人びともまた、自らの安全を確保する努力を怠ってはいなかった。

信長の禁制

たとえば、内裏周辺の警固については、これより先、九月十四日の段階で朝廷側から正親町《おおぎまち》天皇の綸旨《りんじ》（天皇の命令書）によってその要望が信長側に伝えられている（『近江蒲生郡志』）。また表4にまとめたように、上京《かみぎょう》や下京《しもぎょう》をはじめとして、洛中洛外の寺社なども信長から禁制《きんぜい》を獲得していたことが確認できる。

先にもふれたように、禁制というのは、侵攻してくる軍勢の乱妨狼藉などをあらかじめ阻止するため、それを必要とする集団が軍勢の統率者と交渉し、礼銭《れいせん》など金銭を支払って獲得する文書のことである。

これを立て札に書き写して、必要なところに立てておくと、とりあえずの安全が確保できるからだが、したがって、ここからは京都の人びとも信長の上洛をただただ恐れていたわけではなかったことが知られよう。

ちなみに、このときに出された禁制の文面は、ほとんど同じものとなっている。むずかしいものではないので、その一例として、下京に出されたものを引用してみると次のようになろう（『饅頭《まんじゆうや》屋町《ちようもんじよ》文書』）。

表4

年月日	宛所	出典
永禄11年9月日	（上京）	室町頭文書
永禄11年9月日	下京	饅頭屋町文書
永禄11年9月日	吉田郷	吉田文書
永禄11年9月日	八瀬	八瀬童子会文書
永禄11年9月日	四条あまへ	余部文書
永禄11年9月日	賀茂社領境内六郷	賀茂別雷神社文書
永禄11年9月日	若王子幷□	若王子神社文書
永禄11年9月日	大山崎	離宮八幡宮文書
永禄11年9月日	紫野大徳寺同門前	大徳寺文書
永禄11年9月日	妙心寺	妙心寺文書
永禄11年9月日	南禅寺同門前	南禅寺文書
永禄11年9月日	新知恩院	新知恩院文書
永禄11年9月日	清水寺同門前	成就院文書
永禄11年9月日	東寺同境内	東寺百合文書
永禄11年9月日	嵯峨郷清凉寺	清凉寺文書
永禄11年9月日	西八条遍照心院幷境内	大通寺文書
永禄11年9月日	本能寺	本能寺文書
永禄11年9月日	妙伝寺	妙伝寺文書
永禄11年9月日	妙顕寺	妙顕寺文書

禁制　　下京

一、当手《とうて》軍勢濫妨《らんぼう》狼藉のこと、

一、陣取り、放火のこと、

一、非分の族《やから》申し懸くのこと、

右条々、違犯《いぼん》のともがらにおいては、すみやかに厳科に処すべきものなり、よって執達《しったつ》くだんのごとし、

永禄十一年九月日　弾正忠

判

これを見てもわかるように、今回の禁制では箇条書きで記された三つのことが禁止されていた。その三つとは、①信長の軍勢が乱妨狼藉をすること、②勝手に陣を構えたり、放

火したりすること、③不当ないいがかりをつけることである。禁制とは、つまるところこれらのことを信長の軍勢はしない、もし違犯したなら信長が厳罰に処するという内容の文書であった。

その冒頭に「当手軍勢」（信長の軍勢）による「濫妨狼藉」（乱妨狼藉）が見えることからも、禁制をもらうほうにとっては、これがもっとも重大事であったことがわかる。

逆から見れば、戦国時代においては軍勢による乱妨狼藉は日常茶飯事であり、したがって、それを信長が禁制によって禁止するとともに、『信長公記』巻一が伝えるような指示を与えていたのだとすれば、京都の人びとにはかなりの安心感がもたらされたことであろう。それはまた、信長がそれだけ京都の人びとの反応に対しても神経を使っていたことを意味しよう。

二手に分かれて入京

このようにして、大津までたどりついた信長の軍勢が入京を果たすのは、永禄十一年（一五六八）九月二十六日早朝のことである。『言継卿記』の同日条によれば、その軍勢は、「山科郷より南方」をとおって入京してきた者たちと、「北白川より」入京してきた者たちとの二手に分かれていたことがわかる。

このうち、山科をとおって入京してきた軍勢は、おそらく京都七口《ななくち》のひとつである汁谷《しるたに》口《ぐち》（渋谷口《しぶたにぐち》）から洛外へと入り、そして鴨川にかかる五条橋を渡って洛中へと入ってきたと思われる。

ちなみに、当時の五条橋は、現在の場所とは異なり、一本北側にかかっている松原橋《まつばらばし》の位置にあった。それを現在地に移したのは、秀吉である。中世の五条橋は別名、清水橋《きよみずばし》とも呼ばれていたように、清水寺へ参詣するための橋でもあったが、それを秀吉は自らが造立した東山大仏への参詣橋とするために付け替えさせたのである。

また、中世の五条橋が、『上杉本洛中洛外図屏風』など戦国時代に描かれた洛中洛外図をとおして、一本の橋ではなく、川中の中島をはさんだ二本の橋で成り立っていたとわかったのも比較的最近のことである。中世の五条橋といえば、弁慶と牛若丸が出会った逸話でも知られるように、立派な欄干を備えた一本の橋のようにイメージされていた。それが近年の研究によって、そうではないことがあきらかになったのである。

ちなみに、これも意外なことかもしれないが、『上杉本洛中洛外図屏風』を見るかぎり、戦国時代に鴨川にかかっていた橋は、この五条橋と四条橋のふたつしか確認することができない。つまり、江戸時代の東海道五十三次の終着点として知られる三条大橋も戦国時代にはなかった。そのこともあって、東国方面から多数の人馬を仕立ててやってきた軍勢は、

図7：戦国時代の五条橋は二本の橋で成り立っていた（『上杉本洛中洛外図屏風』米沢市上杉博物館蔵）

自然と五条橋をめざすことになったのである（地図2）。

いずれにしても、山科をとおってきた軍勢もまた、この二本に分かれていた五条橋をめざしたと思われるが、そのなかに信長と義昭の姿もあった。『多聞院《たもんいん》日記』に「上総《かずさ》（信長）は清水寺まで出《い》でおわんぬ」と見え、また『言継卿記』にも「武家（義昭）、清水寺まで御座《ござ》を移さる」と見えるからである。

そして、信長のほうは「東寺《とうじ》まで進発」と『言継卿記』が伝えているように、清水寺から五条橋を渡り、東寺（教王《きょうおう》護国寺《ごこくじ》）へと進軍していくことになる。

一方、北白川より入京してきた軍勢も、おそらく京都七口のひとつである北白川口から洛外へと入り、鴨川のどこかの河原を渡って入京したと思われる。この北白川口は今道越《いまみちごえ》、あるいは山中越《やまなかごえ》と呼ばれた山道で近江国坂本とつながっていた。したがって、こちらのほうは大津より坂本へ北上したのち、北白川口へとたどりついたのであろう（地図1）。

『言継卿記』によれば、こちらの軍勢の動きに関しては、「細川兵部《ひょうぶ》大輔《たいふ》・明院《みょういん》ら、北門まで参る」との記事を見いだすことができる。ここで登場してくる細川兵部大輔とは、細川藤孝《ふじたか》（幽斎《ゆうさい》）のことであり、また明院とは明院良政《りょうせい》という信長側近の右筆《ゆうひつ》を意味する。

その両人がなぜ「北門」まで参ったのかといえば、それは「三淵《みつぶち》兵部大輔（細川藤孝）・明院参られて、織田上総仰せつけられ、御警固かたく申しつけられそうろう」と、宮中の女官の日記である『御湯殿上日記《おゆどののうえのにっき》』に見えるように、内裏周辺の警固のためであった。

つまり、これによって信長が大津に到着する以前から内裏周辺の警固も考えて軍勢を二手に分ける計画を立てていたことがわかる。これもまた、京都の人びとの反応に信長が神経を使っていたことを示すものといえよう。

京都に拠点を構えない信長

ところで、入京を果たしたあと、信長が腰を落ち着かせるまもなくすぐに東寺へ進軍していったのは、京都の西郊、西岡《にしのおか》の勝龍寺城《しょうりゅうじじょう》に立て籠もる石成友通《いわなりともみち》を攻撃するためである。そして、そのあとしばらくは、この友通や三好長逸《ながやす》・三好宗渭《そうい》ら、いわゆる三好三人衆と呼ばれる勢力の掃討作戦が続けられることになる。

そのこともあって、信長と義昭は翌十月の半ばまで摂津国《せっつのくに》の芥川城《あくたがわじょう》に在陣することになるが、それがひと段落したのは十月十四日のこと。これをうけ、義昭が再び上洛し、日《にち》蓮宗《れんしゅう》（法華宗《ほっけしゅう》）寺院である本国寺《ほんこくじ》に入ったのち、はれて征夷大将軍に任官されたのは十月十八日の夜のことであった（『言継卿記』十月十四・十八日条）。

これを見届けて信長が京都をあとにしたのは、『信長公記』巻一によれば、十月の二十五日か二十六日のこととされている。そして、二十八日には岐阜城へ到着したと記されているので、このときの上洛も思いのほか短期間であったことがわかる。洛中洛外にいたのがおよそひと月ほど、全行程を入れてもわずか二カ月ほどにしかならないからである。

ここからは、信長にとってこの時期の本拠地があくまで岐阜城であり、自らは京都に拠点を構えず遠隔操作のようなかたちで中央政界を支えようとしていたことがうかがえる。

しかし、そのようなやり方は、翌永禄十二年（一五六九）正月にたちまち危機に見舞われることになった。

というのも、『言継卿記』正月五日条が「三好日向守《ひゅうがのかみ》（長逸）・同下野入道釣竿《しもつけにゅうどうちょうかん》（宗渭）・石成主税助《ちからのすけ》（友通）以下、今日ことごとく本国寺を取りつめこれを攻める」と伝えているように、信長によって京都を追われた三好三人衆が再び上洛し、本国寺にいた義昭を急襲することになるからである。

幸い六日には、「三人衆以下、申の刻、敗軍」（『言継卿記』同日条）というように、幕府軍や信長の家臣たちの奮戦によって防戦が叶う。しかし、信長自身が上洛できたのは、それから四日もたった正月十日のことであった。

このとき信長の上洛が遅れたのは、『信長公記』巻二に「その節もってのほか大雪」とあるように、大雪によって美濃と近江の国境付近（関ヶ原や伊吹山麓）が通行できなかったことに理由があるようである。これも厳冬期の東海道新幹線のことを思い浮かべてみれば、なるほどと思える理由といえよう。

岐阜と京都との往復が、季節や気候によって簡単に左右されてしまうという弱点を露呈する結果になったわけだが、ただ、ここで注目されるのは、このような事態をうけ信長がとった行動についてである。

というのも、信長は、ふつうであればそうするであろう、義昭を守護するために自らの拠点を洛中に構えるといった方向には動かず、このあとすぐに義昭御所（いわゆる旧二条城）の造営へと動き出すことになるからである。

のちにもふれるように、信長は一貫して京都に自らの拠点を構える意識が低かったように思われるが、ただそうしたなかでも、義昭御所の造営については相当のこだわりがあったと見うけられる。

義昭御所造営の意味

たとえば、このときに選ばれた場所とは、『言継卿記』正月二十七日条に「勘解由小路《かでのこうじ》室町真如堂光源院《むろまちしんにょどうこうげんいん》の御古城また御再興」とあるように、「光源院の御古城」、つまりあの足利義輝《よしてる》の新御所の跡地であり、また、その義輝が永禄八年（一五六五）五月に、今回の義昭と同じように三好三人衆らによって攻められ、殺されてしまったのもここだったからである。したがって、そのような因縁浅からぬ場所を選んだという点からも、信長が義昭を守護する意志を強くもっていたことがうかがえよう。

ところで、このときに造営された義昭御所については、近年研究が進められ、注目すべき事実があきらかにされている。

たとえば、この御所は石垣を用いた二重の堀をもつだけではなく、「天主」（『元亀《げんき》二年

図8：発見された義昭御所の石垣（京都市埋蔵文化財研究所所蔵）

記』）と呼ばれた「三重櫓《やぐら》」（『言継卿記』元亀元年七月二十二日条）も備えた、近世的な城郭の先駆けと評価できるものだという。

また、その規模も義輝の新御所をはるかに上回り、その範囲は、北は近衛大路（のちの出水《でみず》通り）、南は春日小路（のちの丸太《まるた》町《まち》通り）、東は東洞院大路《ひがしのとういんおおじ》、西は室町小路（室町通り）に及ぶものであったと考えられている（地図2）。

ここからは、義昭御所をこれまで洛中では例を見ないほど広大で堅固な城郭にすることで、自らが不在でも義昭を守護できることを信長が示そうとしていたと考えられよう。

ちなみに、この義昭御所の正門ともいうべき「西の門矢蔵《やぐら》」（『言継卿記』永禄十二年三月二十八日条）は、室町通りに面していたと考えられている。その点では、かつての花御所《はなのごしょ》と同じといえるが、ただ、花御所のように上京のなかにはなく、上京と下京のちょうど中間に位置したところにその特徴が見られる（地図2）。

ここから、義昭御所は、惣構で取り囲まれた上京・下京というふたつの城塞都市の統合も視野に入れて立地されたとも見られている。もっとも、この点については、義輝の新御所にもその兆しが読みとれるとされているので、必ずしもこのときが初めてであったとはいえないであろう。

信長の宿所

いずれにしても、信長はこの義昭御所造営に心血を注ぎ込むことになるわけだが、その一方で、自らの拠点となるような施設をつくろうとはしなかった。それは、このときだけではなく、その後も同じであったと考えられる。

そのことを確認しておくために、『信長公記』に見られる、永禄十一年（一五六八）九月から本能寺《ほんのうじ》で倒れる天正《てんしょう》十年（一五八二）六月までの洛中における信長宿所の推移を一覧にしたのが表5である。

この表5を見てすぐに気づくことは、このおよそ十五年のあいだに信長がもっとも頻繁

表5

	年	月日	宿所
1568	永禄11年	9月28日	東福寺（東寺）
		10月14日	（清水寺か）
1570	元亀元年	3月5日	上京驢庵
		8月23日	本能寺
1572	元亀3年	3月12日	妙覚寺
			上京むしやの小路にあき地の坊跡普請
1573	元亀4年	7月7日	妙覚寺
		霜月4日	妙覚寺
1574	天正2年	3月	相国寺
1575	天正3年	3月2日	相国寺
		6月27日	相国寺
		10月12日	妙覚寺
1576	天正4年	4月	二条御新造普請
		4月晦日	妙覚寺
		6月5日	妙覚寺
		11月4日	妙覚寺
1577	天正5年	正月14日	妙覚寺
		2月9日	妙覚寺
		3月25日	妙覚寺
		後7月6日	二条御新造
		10月12日	信忠、妙覚寺に寄宿
		霜月13日	二条御新造
1578	天正6年	3月23日	二条御新造
		9月24日	二条御新造
		10月朔日	二条御新造
1579	天正7年	2月18日	二条御新造
		9月18日	二条御新造
		11月3日	二条御新造、親王に献上
		11月16日	妙覚寺
		11月22日	親王、二条新御所へ
		12月14日	妙覚寺
1580	天正8年	2月21日	妙覚寺
		2月26日	本能寺普請
		3月8日	妙覚寺
		3月9日	本能寺
1581	天正9年	2月19日	妙覚寺
		2月20日	本能寺
1582	天正10年	6月2日	本能寺

に宿所として利用したのが妙覚寺《みょうかくじ》であったという事実であろう。

信長の宿所といえば、一般に同じ法華宗（日蓮宗）寺院である本能寺が有名である。しかし、信長が本能寺を宿所にしたのは、じつは元亀元年（一五七〇）と晩年にあたる天正八年（一五八〇）から同十年のわずかな期間でしかなかった。

そのあいだのかなりの期間にわたって信長が宿所としていたのが妙覚寺であったが、注目されるのは、その妙覚寺ですら、史料によるかぎり、一時的な強制接収を意味する「寄宿」所以上の存在ではなかった点であろう。

このことだけでも信長が洛中に拠点を構える意識が低かったことが知られる。もっとも、そうはいっても、信長も洛中に拠点を構えることを一度として考えたことがないというわけではなかった。

たとえば元亀三年（一五七二）三月には、「上京むしやの小路にあき地の坊跡」（公家の徳大寺公維《きんこれ》の屋敷）を「御座所」にするため築地を築かせたことも知られている（『兼見卿記』三月二十一日条）。また、天正四年（一五七六）から同七年（一五七九）にかけては、公家の二条晴良《はれよし》の屋敷を接収して「二条御新造」（二条殿御屋敷）を造営したことが確認できるからである（『信長公記』巻九）。

しかし前者の「上京むしやの小路にあき地の坊跡」については、史料を見るかぎり、築地以上の普請がおこなわれた形跡が見られない。また、二条御新造についても、天正七年十一月には誠仁《さねひと》親王の御所として進上しており、結果的として信長は洛中に拠点となるような施設を構えることがなかったといってよいだろう。

なお、二条御新造が造営された時期というのは、近江国に安土城が築かれた時期と重なる。そのため、安土城と二条御新造とのあいだには密接な関連があったとされているが、その二条御新造を誠仁親王に進上したのち、天正八年に改めて「御座所」とするため普請をほどこしたのが本能寺であった。

したがって、天正八年以降の本能寺は、それまでの妙覚寺のような寄宿所ではなく、御座所にしようとしたという点で大きな違いが見られる。しかし、これも史料によるかぎり、その普請に対する信長の力の入れようというのは、二条御新造に及ぶものではなかった。

当然のことながら、義昭御所とは比べようもなかったと思われるが、このことからもわかるように、結局のところ、信長は最晩年にいたるまで、その本拠地を京都におくことなく、美濃の岐阜城や近江の安土城など、京都と一定の距離を保つ場所から中央政界と関わるというスタンスを崩さなかったことが知られよう。

しかしそのことによって、必ずしも十分な施設とはいえなかった本能寺において自らが最期を迎えようとは、信長自身、このときは想像すらしていなかったに違いない。

元亀争乱の影響

さて、義昭御所の造営がおこなわれた永禄十二年（一五六九）が明けて永禄十三年（一五七〇）、四月に改元されて元亀元年となったこの年から数年にかけては、信長にとってもっとも苦しい時期が続くことになる。

先にもふれたように、畿内近国で数多の抵抗勢力との死闘を繰り広げる元亀争乱が始まるからである。「この合戦のこと、信長卿御一代のなかの難儀の合戦」（『来迎寺要書《らいごうじようしょ》』）と後世語られることになった、この争乱の中心には、つねに江北《ごうほく》（近江国北部）の浅井氏と越前《えちぜん》の朝倉氏の存在があった。

元亀争乱は、いわばこの両氏との対決にさまざまな勢力が加わることによって拡大していくことになったが、そのような勢力のひとつとして、比叡山延暦《ひえいざんえんりやくじ》寺の大衆《だいしゅ》（いわゆる僧兵）の姿があった。

南都《なんと》北嶺《ほくれい》の言葉でも知られるように、中世を通じて絶大な力を誇った宗教勢力はふたつ存在した。そのひとつが北嶺こと、比叡山延暦寺であったが、その延暦寺全体を動かしていたのが、比叡山中の三塔《さんとう》（東塔《とうとう》・西塔《さいとう》・横川《よかわ》）十六谷《じゅうろくたに》に分かれて、活発な宗教活動を展開していた大衆と呼ばれる僧侶たちである。

その大衆がなぜ反信長陣営に加わるようになったのか、残念ながらその動機についてはわからない。ただ、そのきっかけは、元亀元年（一五七〇）九月に琵琶湖の西岸を南下してきた浅井・朝倉氏の軍勢を信長が壺笠山《つぼかさやま》・青山《あおやま》という山々に追い上げ、兵糧責めにした際、「坊主らは食物および家を供しておおいにこれを助け、ことごとく信長の敵となりたり」（『耶蘇会士《やそかいし》日本通信』）と見えるように、壺笠山・青山の後ろにそびえる比叡山の大衆が浅井・朝倉氏に味方をしたことにあった。

これは信長にとってまったく予期していなかったことだったらしく、そのため信長は、大衆に対して自分のほうに「御身方忠節《おみかたちゅうせつ》」するよう、あるいは「出家の道理」で「一途のひいき」ができないのなら中立を保つよう説得を繰り返したと『信長公記』巻三は伝えている。

しかし、大衆側がそれに応えることはなく、しかも味方をし続けたため、今度は信長のほうが苦しい立場に立たされることになった。というのも、壺笠山・青山の麓に釘づけとなった信長を尻目に浅井・朝倉氏の軍勢が延暦寺大衆の援助を得て、山を越え洛外に進出し、比叡山の西麓にあたる「一乗寺《いちじょうじ》、試楽寺（修学院《しゅがくいん》）、高野《たかの》、松崎《まつがさき》など放火」（『言継卿記』十月二十日条）してまわったからである。

このあたりのことについては、『耶蘇会士日本通信』にも次のように見ることができる。

表6

年月日	差出	宛所	出典
元亀元年９月日	朝倉義景	賀茂社領城州所々幷境内	賀茂別雷神社文書
元亀元年９月日	浅井長政	八幡社領大山崎中	離宮八幡宮文書
元亀元年９月日	朝倉義景	八幡御神領大山崎中	離宮八幡宮文書
元亀元年９月日	浅井長政	清水寺	成就院文書
元亀元年９月日	朝倉景健	清水寺	成就院文書
元亀元年９月日	浅井長政	智恩院	知恩院文書
元亀元年９月日	朝倉景健	東山知恩院	知恩院文書
元亀元年９月日	浅井長政	大徳寺幷門前	大徳寺文書
元亀元年９月日	浅井長政	妙心寺	妙心寺文書
元亀元年９月日	朝倉景健	東寺幷境内	東寺百合文書
元亀元年９月日	浅井長政	（上京）	室町頭町文書
元亀元年９月日	浅井長政	東福寺幷門前、付糠辻子	三重県立博物館所蔵文書
元亀元年９月日	朝倉景健	東福寺幷門前、付糠辻子	三重県立博物館所蔵文書
元亀元年10月日	浅井長政	賀茂社領	賀茂別雷神社文書

彼ら（浅井・朝倉氏）の軍隊は山中に、信長は山麓にありて、すでに一ヶ月を経過せり、（略）敵は都の周囲多数の村落を焼き、市内の混乱不安ははなはだしく、（略）勝利はいずれに帰すべきかを知るをえず、信長敗戦すれば、直にこの市は焼かれ、敵に蹂躙《じゅうりん》せられるべき

ここに見えるように、信長が山の向こう側で釘づけになっていた状態では、洛中洛外が混乱に陥いるのも無理はなかった。となれば、自らの安全は自らの手で確保するほかはない。そのことを裏づけるように、元亀元年九月から十月にかけて浅井・朝倉氏によって出された禁制が洛中洛外の寺社だけではなく、上京にも残されている（表6）。ここでもまた、禁制でもってとりあえずの安全の

確保を京都の人びとが図っていたことが知られよう。

このように京都から見れば、山の向こう側で信長は窮地に陥っていたわけだが、十一月には「志賀御陣《しがごじん》に御手ふさがり」と信長の窮地を見透かしたように、伊勢の「長島《ながしま》より一揆蜂起」（『信長公記』巻三）し、信長の弟信興《のぶおき》が自殺に追い込まれる。

結局のところ、これによって信長も浅井・朝倉氏との和睦しか窮地を脱する道がないと観念し、十二月中旬に義昭と関白二条晴良が三井寺まで下向して和睦が調えられることになった（『尋憲記《じんけんき》』十二月十三日条）。ただし、その和睦内容は信長にとって厳しいものとなったようである。

というのも、徳川家康の家臣でのちに「天下のご意見番」として知られる大久保彦左衛門《ひこざえもん》が書き残した『三河物語』という記録によれば、「天下は朝倉殿もちたまい、われは二度のぞみなき」と信長は誓ったとされているからである。

実際に信長がそのように誓ったのかどうかについてはさだかではないが、このときに味わった苦しみは、信長のなかで深く刻み込まれていくとともに、復讐の怒りへと変わっていくことになる。

延暦寺焼き討ちが与えた衝撃

その復讐の矛先は、翌元亀二年（一五七一）九月にまずは延暦寺大衆に対して向けられることになった。

『言継卿記』が「暁天《ぎょうてん》より、上坂本《かみさかもと》破られ放火す、つぎに日吉社《ひよししゃ》残らず、山上《さんじょう》東塔、西塔、無動寺《むどうじ》残らず放火、山衆ことごとく討ち死に」と伝えているように、元亀二年九月十一日、信長は三井寺に入り、その翌十二日に有名な延暦寺焼き討ちを敢行することになるからである。

この十二日のうちに、「講堂以下諸堂放火、僧俗男女三四千人伐《き》り捨て」られたが、翌十三日にいたっても、「横川、仰木《おうぎ》、ミナ上、そのあたり東塔の焼け残りなどことごとく放火」、そして『言継卿記』九月十五日条に「山上残りの坊、今日も放火」とあるように、結局、焼き討ちは十五日まで続けられることになった。

『言継卿記』が伝えているように、延暦寺焼き討ちは、「上坂本」の攻撃から始められたようだが、それは、このころ「僧衆はおおむね坂本に下りて」（『多聞院日記』元亀元年三月十九日条）生活をしていたためである。

つまりここから、このとき信長が浅井・朝倉氏に味方し敵となった大衆に的を絞って攻撃を加えようとしていたことがわかる。それがなぜ「僧俗男女三四千人」に及ぶ殺戮や山上の堂舎の放火にまでいたったのだろうか。

一般には信長の残虐性にその理由を求めることが多いようだが、おそらくそれだけではないだろう。というのも、『耶蘇会士日本通信』が、「ことごとく山頂の堂に集まることに決し、坂本の町民らもまた坊主らの勧告によりて、妻子らとともに山に登りたり、信長は一同が山頂にあることを知り、坂本の町に火を放たしめ、そのなかにあるものをことごとく殺戮せしめたり」と伝えているように、大衆が山上へ逃げることを決め、それにあわせて坂本の町人たちも山上へ避難したことがその被害を大きくしたと考えられるからである。

おそらく信長もはじめから全山を焼き討ちしようとまでは考えていなかったのであろう。ところが、結果的にこのような悲惨な事態にいたったのは、信長の残虐性もさることながら、それ以上に前年に信長が味わされた苦しみに対する大衆の認識の甘さがあったように思われる。

というのも、同じく『耶蘇会士日本通信』には、「信長の神仏を崇敬すること薄きを知りたるも、偶像山王《ぐうぞうさんのう》はすこぶる尊崇せられ、その罰も畏怖せらるるゆえに、これを破壊することなかるべし」と、大衆はまさか延暦寺や日吉社が焼き討ちされるとは考えもしていなかったからである。

また認識の甘さという点でいえば、信長の軍勢が近づいてきたことを耳にした大衆が、

「これを聞き、ほかに手段なきをみて、黄金の判金《はんきん》三百を贈りたり、おのおの銀四百五十匁《もんめ》の価《あたい》あるものなり」(『耶蘇会士日本通信』)と、金銭で解決できると考えていたことも問題といえよう。

もちろん、前章でも見たように戦国時代においては紛争や問題の解決に礼銭と呼ばれた金銭が使われることはしばしば見られた。したがって、大衆にとっては常識的な解決策を信長に示したつもりであったのかもしれない。

しかしこの場合、「信長はごうもこれを受納せず、彼の来たりしは黄金の富を得んがためにあらず、厳重に彼らの罪を罰せんがためなりと言明せり」(『耶蘇会士日本通信』)と、信長が延暦寺大衆のことを敵と見なしていた以上、もっと深刻に事態をうけ止める必要があったといえよう。

このようにして、元亀争乱は、信長やその軍勢にとってもはや敵と見なせばいかなる者であろうとも容赦しない、あるいは容赦する必要もない、ということを骨の髄まで染み込ませる経験となっていった。

王法と仏法

元亀二年(一五七一)九月十二日の早朝より、京都から見れば比叡山の向こう側にある坂本や日吉社、そして延暦寺の堂舎が火に包まれ、その煙が天にのぼるさまは、おそらく京都の人びとも山越しに目にすることができたに違いない。

比叡山は、現在でも京都市中に入ると、高いビルに取り囲まれた場所を除けば、どこからでも東北方面にその姿を望むことのできる山である。高いビルなどなかった戦国時代であれば、洛中のどの場所にいたとしても、その姿を望むことはできたのではないかと思われるが、その山の向こう側から煙があがっているようすを想像するだけでも、京都の人びとが抱いたであろう恐怖のほどがうかがえる。

『言継卿記』を記した山科言継もまた、そのようすを洛中から目のあたりにしたひとりであったが、言継はその恐怖を次のような言葉で書き残している（九月十二日条）。

仏法《ぶっぽう》破滅、説くべからず、説くべからず、王法《おうぼう》はいかがあるべきことや、

〈仏法が滅亡してしまった。言葉で説明することなどできない。王法はどのようになるのであろうか。〉

「仏法」とは仏の教えのこと、つまり仏教のことであるが、この場合の仏教とは、天台《てんだい》宗《しゅう》や真言宗《しんごんしゅう》など、いわゆる旧仏教（顕密《けんみつ》仏教）のことを指す。延暦寺は、そのうちの天台

宗の一大中心地であったので、山越しにその焼き討ちのようすを目のあたりにした言継が「仏法が滅亡してしまった」と思っても無理はないだろう。

それに対して「王法」とは世俗権力のことを意味し、ここでは朝廷や幕府のことを指す。それではなぜ言継は、仏法が滅亡してしまったこととあわせて王法の行く末までを心配したのだろうか。じつはこのことを理解するためには、中世の権力者のあいだで共有されていた王法仏法相依《おうぼうぶっぽうそうい》という考え方について知っておく必要がある。

王法仏法相依とは、王法＝世俗権力と仏法＝旧仏教との関係が、あたかも鳥の翼のように、あるいは車の両輪のように、片方だけでは成り立ちえないという考え方を意味する。

また、そのような考え方を支えていた背景としては、中世の世俗権力が自らの正当性を旧仏教の教えのなかに見いだそうとするのに対して、旧仏教のほうもまた世俗権力を宗教的に守護することによって自らの存在意義を見いだそうとする、独特なもたれあいの関係があった。

いわば、政教分離の真逆にあったのが中世の世俗権力と旧仏教との関係であったが、言継のような公家もまた朝廷を構成する一員であったため、延暦寺という仏法を代表する存在が滅亡していくありさまを見て、自らも属する王法の行く末を案じざるをえなかったのである。

ただし、このことから逆に、信長の存在がこれまでの王法の範疇からはみだしたものとして言継の目に映っていたと読みとることもできる。それはまた、信長による延暦寺焼き討ちが、堂舎が焼かれ、僧俗が殺されるといった物理的な恐怖以上のものを京都の人びとに与えたことも意味しよう。

もっとも、当の信長自身にとっては、「その御憤《おんいきどお》りを散ぜらる」、あるいは「年来の御《おん》胸朦《きょうもう》を散ぜられおわんぬ」と『信長公記』巻四が伝えているように、ちょうど一年前になめさせられた苦しみに対する復讐以外のなにものでもなかったのかもしれない。

しかし実際に起こった現象は、信長の予想をはるかに上回る衝撃を人びとにもたらすことになった。また、それとともに、信長自身の仏教観や宗教観も大きく変化させることになったと考えられる。

というのも、『当代記』という記録によれば、信長は家臣たちに「後代にもし当世の衆、天下を知るというとも、叡山を建立あるまじき段、おのおの起請文をささぐ」と、将来、家臣の中から天下を治めるような者が出てきたとしても、延暦寺の再建はおこなわないという誓いをさせたと記されているからである。

また、焼け落ちた延暦寺や日吉社の再建を考えていた甲斐《かい》の武田信玄《しんげん》が信長に書状を送った際、信玄がその署名に「テンダイノザス・シャモン・シンゲン（天台座主沙門信玄）」

と記したのに対して、信長は「ドイロクテンノ・マウオ・ノブナガ（第六天魔王信長）」「悪魔の王にして、諸宗の敵なる信長」と署名したと『耶蘇会士日本通信』は伝えている。

これらのエピソードをそのまま信用してもよいのかどうかについては判断のむずかしいところだが、いずれにしても、延暦寺焼き討ちを含めた元亀争乱は、信長やその軍勢にとって、頼るべきものが自らの武力以外にはなく、また自らの正当性も自らの武力以外には支えようがないということを強く意識させる結果になったといえよう。

そして、その武力の矛先は、このわずか数年後に京都の人びとにも向けられることになる。しかし、このときはまだ誰ひとりとしてそのようなことを夢にも思っていなかったに違いない。

2　義昭の謀叛と上京焼き討ち

義昭と信長の関係

『享禄《きょうろく》以来年代記』という記録によれば、永禄十一年（一五六八）九月に信長と義昭が上洛したとき、信長は数えで「三十五」歳であったのに対して、義昭は「三十二」歳であったという。つまり、このふたりはほぼ同世代で信長のほうが少しだけ年長だったわけだが、一般にイメージされているように、その関係が当初からよくなかったのかどうかについてはわからない。

ただ、義昭御所が造営された年の永禄十二年（一五六九）十月のこと、十一日に上洛したばかりの信長がわずか六日後の十七日に岐阜に帰国したことについて、『多聞院日記』十月十九日条は「上意（義昭）と競り合いて下りおわんぬ」と伝えている。このころからその関係が微妙なものになりつつあったことは間違いなさそうである。

そのようになったきっかけについてはさだかではないが、同じ年の正月に義昭が本国寺で襲われた直後の十四日に、信長は「殿中御掟《でんちゅうおんおきて》」(『仁和寺《にんなじ》文書』)という御所内でのさまざまな取り決めを定め、それを義昭に認めさせたことが知られている。

また、翌永禄十三年(一五七〇)正月二十三日にも、再び信長は五カ条にわたる「条々《じょうじょう》」(『成簣堂《せいきどう》古文書』)を定め、それを義昭に認めさせている。しかもそこには、「御《おん》下知《げち》の儀」(義昭の命令)は「みなもって御棄破あり」(すべて無効にする)という義昭にとって厳しい内容が見られる。そればかりか、「天下の儀」は「信長に任せ置か」れているので、「上意」(義昭の意見)を聞く必要もなく、信長の「分別次第」で「成敗」するということまで記されていたのであった。

このような状況におかれた義昭が信長のことをどう思っていたのか、残念ながらそのことをうかがわせる史料は残されていない。ただ、先に見たように、元亀元年(一五七〇)に信長が壺笠山・青山の麓で窮地に陥ったとき、義昭が二条晴良とともに三井寺に下向して和睦を調えたことをふまえるなら、この段階ではそれほど悪く思っていなかったとも思われる。

あるいは、少なくとも義昭にとって信長の存在は必要だったといえるのかもしれないが、元亀三年(一五七二)九月に三度《みたび》信長から十七カ条に及ぶ「公方様へ信長より条々」(『尋《じん》憲記《けんき》』元亀四年二月二十二日条ほか)が突きつけられるにいたって、「これより御仲悪く」

（『永禄以来年代記』）なったとしても仕方がなかったといえよう。

結局、元亀四年（天正元年、一五七三）二月に「公方様（義昭）内々御謀叛思《おぼ》しめし立つのよし、その隠れなくそうろう」（『信長公記』巻六）と見えるように、ついに義昭は信長に対して反旗をひるがえすことになる。

反旗をひるがえした義昭

このように義昭が信長に反旗をひるがえしたとなると、その御所が上下京の中間にある以上、洛中が戦場になる可能性は高かった。

実際、『永禄以来年代記』が伝えるように、「室町殿（義昭）と信長と御仲悪しきゆえ、雑説《ぞうせつ》申し出《い》で、京中《きょうちゅう》物忩《ぶっそう》もってのほか」と、洛中が騒動になったことがうかがえる。また、そのようすについては、『耶蘇会士日本通信』も次のように伝えている。

> 庶民はじきに家財を集め、一日に千八百、また二千の荷物、都を出で、兵士らはこれを好機となし、都のなかにて、あるいは公道において隊をなし、家財を略奪し、あるいは槍、あるいは銃をもちいてこれを奪いたり、

町人たちのなかには戦禍を避けるため家財道具を洛外へと避難させようとした者がいたこと、またそれを狙って略奪に及ぼうとする者たちも現れるなど、混乱のさまがうかがえよう。

一方、『老人雑話』という記録によれば、義昭側の軍勢が少なかったため、「京の口々を町人を差しつかわして守らしむ」と、洛中の町人たちに「京の口々」の警固をさせたと見える。

このとき実際に町人たちが警固をおこなったのかどうかについてはさだかではないが、ただ、洛外の吉田社《よしだしゃ》の神官にして公家でもあった吉田兼見《かねみ》（兼和《かねかず》）の日記『兼見卿記』二月十七日条にも義昭より「御城《おんじょう》中《ちゅう》堀《ほり》二《に》間《けん》を申しつく」と、御所の堀を補強するため人足を出すよう命じられたことが見えるので、十分ありえたであろう。

ところで、義昭が反旗をひるがえしたとの報を受け、信長はまずは家臣の島田秀満《ひでみつ》を上洛させ、義昭との和睦を図ったことが、『兼見卿記』二月二十二日条などからわかる。しかし、同じく『兼見卿記』三月八日条に「信長より大樹《たいじゅ》（義昭）へ御理《おんことわり》の儀あい調わず、島田にわかに下向」とあるように、結局、和睦は成立することなく、秀満はむなしく岐阜へ帰国した。

これをうけ信長は、三月二十五日に岐阜を出発、二十九日には逢坂山を越えて東山の知《ち》恩院《おんいん》に陣を張り、「そのほか諸手の勢衆」も「白川・粟田口・祇園・清水・六波羅・鳥羽・竹田、在々所々に陣取り」したと『信長公記』巻六は伝えている。『永禄以来年代記』によれば、その「人数一万あまり」と見えるが、そのような大軍を間近にして「洛中洛外もってのほか物忩」（『兼見卿記』三月二十九日条）にならないほうが不自然であろう。

そのこともあって、「市民はことごとく武器を取り、市の諸門および入り口に立ちたり」（『耶蘇会士日本通信』）とあるように、町人たちが上京・下京の惣構の木戸門などを固めて警戒を始めたと伝えられている。

また、『兼見卿記』三月二十九日条には、「禁裏《きんり》御築地《おんついじ》のうち、京中ことごとく小屋を懸け、妻子これあるなり」と見え、天皇の住まう内裏（禁裏）の築地塀の内側に町人たちが避難小屋を建て、そこへ妻や子を避難させたこともわかる。

現代人の感覚からすれば、よりによってなぜ内裏のなかなのかと思ってしまいそうだが、じつは応仁・文明の乱が終結して以降、戦国時代では、この場所が洛中でもっとも安全であるとの意識が生まれていた。実際、当時の史料からも、しばしば避難小屋が建てられたり、預物《あずけもの》といって家財道具などを避難させているようすが読みとれる。

しかしこのことは逆から見れば、もはや洛外やその外へ逃げる余裕もないほどに追い込まれていた人びとが少なくなかったことも示していよう。

洛外放火

それでは、一万人あまりにのぼる信長の軍勢を前にして、当の義昭はどうしていたのであろうか。

この点については、「大樹御城旗を上げられ、御人数一人も出勢《しゅっせい》せず」と『兼見卿記』三月二十九日条が伝えているように、御所において籠城しようとしていたことがわかる。同じことは、『耶蘇会士日本通信』にも「橋はことごとく引き、城の周囲に旗をたてたり」と見える。

これをうけ信長は、四月三日に「まず洛外の堂塔寺庵をのぞき御放火」(『信長公記』巻六)とあるように、寺社を除いた洛外一帯に火をかける。『兼見卿記』四月三日条には、「賀茂《かも》・西京《にしのきょう》より嵯峨《さが》にいたり打ち廻し、在々所々ことごとく放火」と見え、信長の軍勢が洛北の賀茂から洛西の嵯峨方面へと展開し、火を放っていったことがわかる。また、火が放たれたのは、「百姓らの家ばかり」(『永禄以来年代記』)で、その「在々所々百二十八ケ所」(『公卿補任』)に及ぶものであったという。

このようにして、四月二日から三日にかけて信長の軍勢により洛外放火がおこなわれたわけだが、これには、「このうえにても上意次第たるべきむね、御扱いをかけられそうろう」（『信長公記』巻六）とあるように、洛中の義昭に対して圧力をかけ、「御扱いをかけ」＝和睦を申し込む意図があったようである。

しかし、義昭が「御許容なきあいだ」（『信長公記』巻六）、翌四日に今度は「上京御放火」、つまり上京焼き討ちがおこなわれることになった。

この一連の流れについては、焼き討ちがおこなわれた二日後の四月六日に信長が徳川家康に送った書状（『古文書纂』）のなかでも「種々理《しゆじゆことわり》」（さまざまな手立て）をほどこしたけれども、「御承諾」がなかったので、「さる二日・三日両日、洛外残すところなく放火せしめ、四日に上京ことごとく焼き払い」と述べている。

もっとも、『兼見卿記』四月一日条によれば、一日の段階ですでに信長は兼見に「今度洛中放火治定《じじよう》なり」と語っており、洛外ばかりか上京を焼き討ちすることも「治定」（確定）していたことが知られよう。

上京焼き討ち

その上京焼き討ちが始まったのは、『兼見卿記』によれば、四月四日の丑《うし》の刻のこと、つまり深夜の二時ごろで、当時の感覚でいえば、三日の「夜半時分」（『東寺《とうじ》執《し》行《ぎよう》日記』）

にあたった。

『兼見卿記』によれば、「京中西陣《にしじん》より放火」とあり、町組《ちょうぐみ》でいえば川ヨリ西組あたりから火がつけられ、「足軽以下」が「洛中にはいりて乱妨、ことごとく放火」し、「二条より上京一間（軒）残らず焼失」してしまったという。

『永禄以来年代記』でも、「三日夜半より上京西陣の町より火出る」と見えるので、上京の西のほうより火がつけられたことがわかる。そして、続けて「夕まで焼けそうろう、上京中残るところなし、御霊《ごりょう》の社まで焼けそうろう、南は武衛陣《ぶえいのじん》の御城（義昭御所）の隍《ほり》際まで焼けそうろう」とあることから、上京は丸一日焼け続け、その焼失範囲は、北は相国寺《しょうこくじ》の北側にある「御霊の社」（上御霊社《かみごりょうしゃ》）から、南は義昭御所の堀際にまで及んだことが知られる（地図2）。

「上京、内野《うちの》になる」とは、『御湯殿上日記』四月四日条が伝える記事だが、かつての平安京の大内裏（平安宮）が、たびかさなる火事によって野原となり、内野と呼ばれるようになったのと同じ運命を上京もこうむることになった。

『永禄以来年代記』からも読みとれるように、この上京焼き討ちもまた、洛外放火と同様、義昭に対して圧力をかけることにその目的があり、義昭御所には火がかからないようにしていたことがわかる。また、内裏にも火がかからないようにしていたことは、『御湯殿上日記』四月四日条に「この御所の御辺りは、堅く申し付け、めでたし」と見え、あらかじめ信長も配慮していたことが知られる。

もっとも、いったん燃えだした火をコントロールすることは容易ではなかったようで、『兼見卿記』四月四日条によれば、「禁中御近辺」の「烏丸《からすま》町《ちょう》にいたり類火《るいか》」したため、天皇に吉田社へ「臨幸《りんこう》」（天皇がつねの居所から移動）してもらうことを兼見が進言、信長からも承諾を得たことが記されている。

幸いに内裏は焼失しなかったものの、公家の屋敷も「十余り」、「御比丘尼御所《おんびくにごしょ》の寺々」も焼失したという（『公卿補任』）。とりわけ、『上杉本洛中洛外図屏風』でも上京の寺町というべき景観がみられた誓願寺《せいがんじ》・百万遍《ひゃくまんべん》・革堂《こうどう》・真如堂《しんにょどう》などは焼け落ちてしまった（『東寺執行日記』四月三日条）。

また、それらより南側にあった日蓮宗（法華宗）寺院の頂妙寺《ちょうみょうじ》も焼けてしまったが（『己行記《こぎょうき》』四月四日条）、逆に内裏周辺にあった相国寺南塔頭・仏陀寺《ぶつだじ》・浄福寺《じょうふくじ》・一条《いちじょう》観音堂《かんのんどう》などは焼け残ったようである（『永禄以来年代記』四月四日条）。

いずれにしても、この焼き討ちによって「焼失したる家の数は六、七千」（『耶蘇会士日本通信』）に及んだと伝えられている。

このように、上京がことごとく焼き討ちされてしまった以上、その被害は町屋や寺院といった建物だけではなく、人びとの上にも及んだであろうことは容易に想像される。ところが、不思議なことにこの点についてはこれまであまり言及されてこなかったように思われる。しかし、『兼見卿記』四月四日条に「洛中洛外において、町人・地下人《じげにん》数知れず殺害」と見えるように、数多の人びとが殺害されたことは確実であった。

そのようななか、とりわけ悲惨さを伝えているのが、『東寺光明講過去帳』に見える次のような一節である。

上京一宇《いちう》残らず回禄《かいろく》せしむるのとき、上下《かみしも》の人びと道俗男女子供以下落ち行き、路においで、あるいは大井・桂の川流れにおいて、あるいは打ち死にその数知れず、〈上京が一軒残らず焼失したときに逃げ落ちていった人びとのなかには、路上において、あるいは大井川や桂川において殺された者も数多くいた。〉

大井川・桂川といえば、洛西の嵯峨に流れる川であり、上京からすればかなり西のほうにあたる。にもかかわらず、このように西のほうまで人びとが逃げていったのは、信長の軍勢が東山一帯に布陣していたためであろう。これについては、『老人雑話』にも「町人らもそれより落ちて、愛宕《あたご》・高雄《たかお》・中郷《なかごう》などというところへ妻子ともに引越して隠れおる」と見え、嵯峨からさらに北西にあたる愛宕山や高雄にまで逃げていった人びともいたようである。

おそらくは、このときのことを伝えているのだろう、『耶蘇会士日本通信』には、次のような、さらにくわしい状況が記されている。

それによれば、上京の町人、とくに女性たちを「美濃および尾張の兵士らは、じきに彼らを捕らえ、あるいは牛の背に乗せ、あるいは小児をいだき、あるいはその手を取りて兵士らの前を歩行せし」めたという。つまり、人びとは自ら逃げ落ちたのではなく、信長の軍勢によって連れ去られていったのだとイエズス会宣教師は伝えている。

そのためであろう、彼女たちは「桂川の岸」に達したとき、「水流のはげしくして深きをわすれ、川に入りて足の立たざるところまで進み、たちまち水に流され、漁夫が魚を捕うるために設けた柵にかかりて死したり、数ヶ所に二三十人の小児、ほかの数ヶ所に同数の婦人ともに死したるあり」という。

つまり、入水自殺のようなかたちで子どもとともに女性たちは死んでいったわけだが、不幸にもそのような決心をせざるをえなかったのは、仮に生きていたとしても、元のところに帰るのには、「夫、父および親戚はこれを購わんために」兵士たちと身代金の交渉をしなければならないことを知っていたからであった。もっとも、そのようにしてでも帰ることができれば幸せなほうで、その多くは「捕虜として彼らの国々に伴」われてしまったという。

戦場において女性や子どもを連れ去るこのような行為は、乱取り、乱妨取りといって戦国時代では全国各地で見られた光景として知られている。連れ去られた女性や子どもたちは人身売買の対象とされたわけだが、ここからは、京都といえども、ひとたび合戦が起これば、戦国時代のいまわしい習いの横行する世界に一変したことが知られよう。

そして、連れ去られた女性や子どもをめぐっては、「死せるものか、あるいは捕らわれしものか知れずして、父は子を、夫は妻をさがし、親戚たがいにもとめたるものもあり」と『耶蘇会士日本通信』は書きとどめている。

じつは、このような悲惨なありさまこそ、軍勢による乱妨狼藉と呼ばれる行為にほかならなかった。先にもふれたように、軍勢による乱妨狼藉が、禁制の禁止事項の冒頭に掲げられていたのは、なによりこのようなことを避けるためである。

その乱妨狼藉を信長の軍勢もおこなっていたことがここからあきらかとなるわけだが、もちろん信長の軍勢がおこなったこととは、右のような乱取りにとどまるものではなかった。たとえば、『耶蘇会士日本通信』には次のようなことも伝えられている。

兵士らは都の富の納めたる村々にいたりて、箱を開き、金銀、よき着物、絹織物、絹の撚り糸などの品物のみを奪い、そのほかはことごとく破却せり、

これは、「上《かみ》および下《しも》の都の住民は都の焼き払わるべきをおそれ、妻子、僕婢《ぼくひ》および主なる家財、よき衣服、金銀および高価なる道具を」「村々に送り置」(『耶蘇会士日本通信』)いた、いわゆる預物として避難させていた人や物を狙った行為である。これについても、『永禄以来年代記』に「京中辺土にて乱妨して取り物ども宝の山のごとくなり」と見えることから事実と見てよいであろう。

このような行為を当時、取り物と呼んだが、『フロイス日本史』によれば、「彼ら(信長の軍勢)が路上に出会いし男、女、小児らに対して、その所持する品を強奪するためにおこないたる残虐をみることは、まことに不憫のいたり」と、信長の軍勢が略奪できるものであればなんでも略奪しようと血眼になっていたようすも読みとれる。

人であろうと物であろうと、あらゆるものを暴力でもって奪い取る、これが戦国時代の乱妨狼藉というものであり、また戦《いくさ》というものの真の姿であった。

なぜ上京は焼き討ちされたのか

それではなぜ、上京はこうしたすさまじい乱妨狼藉、しかも信長の軍勢によるそれに見舞われることになったのであろうか。その理由としてまず考えられるのは、延暦寺焼き討ちのときと同様、上京が信長に敵と見なされたからではないかという点があげられよう。じつはこの点に関しては、興味深い記事が、『耶蘇会士日本通信』に記されている。

それによれば、信長の使者であった島田秀満が帰国する前後のころ、「上および下の都の市民ら」（上京・下京の町人ら）は、「極力信長のこれを焼き払わざるべきことを懇願し、これがために上の都は銀三千三百枚を、下の都は五百枚を信長に、三百枚をその武将等に贈」ったという。

ここからは、上京（「上の都」）が銀三千三百枚、下京（「下の都」）も銀八百枚という高額な礼銀（礼銭）を信長らに贈ることで、自らの安全を確保しようとしていたことが読みとれる。

このようなことは、礼銭の額は別として、禁制を獲得するときにもおこなわれており、また、延暦寺大衆も焼き討ち前に同じような交渉をしていたので、当時としては常識的な対応だったのだろう。したがって、ここまでは上京と下京とのあいだに大きな違いは見られない。

ところが、「上の都の人は富裕にして、かつ傲慢なるがゆえに、条件をよくして、かえって信長の不快をまね」いたという。ここでいう条件がどのようなものであったのかについてはわからないが、「富裕」や「傲慢」で信長の不興を買うことはないだろう。とすれば、問題となったのは、このあとに見える「ことに彼（信長）が建築に着手せる宮殿の周壁《しゅうへき》を破壊したることにより、その怒りにふれたり」ということであったに違いない。

なぜなら、この宮殿とは、先にもふれた「上京むしゃの小路にあき地の坊跡」に造営しようとしていた信長の「御座所」のことであり、それを信長の「到着の数日前」に義昭が「ことごとくこれを破壊することを命じ、上の都の人びとのなか貪欲のため構内にありし最良の材木を奪いたるものあり」と伝えられているからである。

これについて、「信長は心中非常にこれを憤り、大いなる侮辱と考えた」とされているが、おそらくこの場合も「侮辱」というよりむしろ、これで上京が義昭に味方し、信長に敵対する存在と見られたと考えたほうが自然であろう。

残念ながら、以上のことについては、日本側の史料によって裏づけられず、確かなところはわからない。ただ、先にもふれた『老人雑話』が「京の口々を町人を差しつかわして守らしむ」と伝えているように、町人たちによる義昭方への協力といったことはあったのかもしれない。

もっとも、そのようなことは、幕府という公権力による一種の賦課にほかならないから、延暦寺大衆のように反信長勢力に積極的に味方をしたというわけではなかったであろう。しかし、信長の目から見て一度でも敵対するものとして映ってしまったなら、容赦されることはなかった。

それを裏づけるように、「信長は、ついに下の都の希望をいれ、これを焼かざるべしとの書付をあたえ、その軍隊に対しては、もし害を加うるものあらば、厳罰に処すべしと達し」(『耶蘇会士日本通信』)たという。ここからは、信長のなかであきらかに上京と下京のあいだに一線が引かれたことが知られよう。

安全を求める下京

となれば、これで下京のほうはまったく安泰であったのかといえば、必ずしもそうではなかった。というのも、上京焼き討ちから三日後の四月七日に信長と義昭のあいだで「和平の義」(『兼見卿記』四月七日条)が成立したにもかかわらず、下京では次のような動きがあったと『耶蘇会士日本通信』は伝えているからである。

都の住民の年寄ら協議し、(略)市の将来の安全のため、および下の都を焼かざりし恩恵に対する感謝のため、（略）住民より徴集すべき銀の残額が市内の堀をいっそう深く、また広くするため、ならびにほかの防御工事のために使用すべしと決し、これがため大小の各町に銀十三枚を課したり、

ここからは、下京が焼き討ちにならなかったことに対する礼銀（礼銭）と「市内の堀」（惣構《そうがまえ》の堀）を補強する費用などを捻出するため、「都の住民の年寄ら」が「大小の各町に銀十三枚を課し」たことがわかる。

ここでもまた下京は、礼銀（礼銭）という金銭によって安全を確保しようとしていたことが読みとれるが、これについては、幸いなことに日本側にも史料が残されている。じつは、それが第二章でもふれた『下京《しもぎよう》中《ちゆう》出《で》入之《いりの》帳《ちよう》』という記録であった。

その『下京中出入之帳』を改めて見てみると、その表紙には「元亀四年六月十八日」という年月日が記され、また、「壱町《いつちよう》に拾《じゆう》三《さん》枚ずつ」という、右の史料と重なる記載も見られる。『耶蘇会士日本通信』の記事がいかに信憑性の高いものであったのかが知られよう。

注目されるのは、「五組の寄銀《よりぎん》日記」という記事が書かれている点で、これによって今回の銀の「徴集」には、下京にあった五つの町組（中組《なかぐみ》・川ヨリ西組・巽《たつみ》組・丑寅組《うしとらぐみ》・三《さん》町組《ちようぐみ》）がかかわり、そして、「下京五拾《ごじゆう》四町《よんちよう》」からおのおの銀十三枚が集められて「銀

七百弐枚」にいたったこともあきらかとなる。

ちなみに、『耶蘇会士日本通信』によれば、各町で銀十三枚が集められた際、それを負担できないような町人たちは「暴力をもって貧家より追われ、その家の売却代金のうちより彼らに課したるものを徴集」されたという。

これについては、『下京中出入之帳』から読みとることはできないが、「都の住民の年寄ら」が動かす惣町《そうちょう》や町組において決定されたことが、個々の町において実行されるにあたっては悲劇を招くこともあったことが知られる。とともに、このことから、惣町・町組・町という組織が下からつくりあげられていったものというよりむしろ、上からの編成といった要素のほうが強かったことも読みとれよう。

なお、今回の銀は、下京の五つの町組に所属する町だけではなく、「下京構《かまえ》の内、寺銀の分」と見えるように、下京の惣構のなかに所在した寺院にも課せられていた。特徴的なのは、その寺院のなかに妙覚寺・本能寺・立本寺・要法寺・妙伝寺・妙泉寺といった日蓮宗(法華宗)寺院の名も見られることである。ここからはこれらの寺院が下京の町人たちの信仰の拠点となっていたのと同時に、下京という社会集団、共同体の一角を構成するものとして位置づけられていたことも知られよう。

こうして集められた銀の支出先については、「遣わし申す銀の日記」という記事から読みとれるが、そこには、「殿様」（信長）や「柴田様」（柴田勝家《かついえ》）など、信長やその軍勢に対する礼銀の額がことこまかに記されている。またその一方で、「西の堀の掘り賃」や「西四条口構の入目《いりめ》」といった項目も見られ、これが『耶蘇会士日本通信』に記される「市内の堀をいっそう深く、また広くするため」ということに対応するのであろう。ここからは、惣構の堀の管理もまた下京という惣町がおこなっていたことがあきらかとなる。

結局、このときの礼銀によって下京は、元亀四年（一五七三）七月朔日《ついたち》付で「下京町人中」に宛てられた信長の朱印状（『饅頭屋町文書』）を獲得することになる。

そして、そこに「陣取りならびに新儀《しんぎ》諸役《しょやく》非分《ひぶん》などあるべからず、違背《いはい》のやからあらば成敗を加うべし」（信長の軍勢が下京に陣を構えたり、また不法な賦課をかけることはしない。もしそれに背くような者が出たならば、信長が成敗する）という一文が記されることによって、ようやく下京は信長の名のもと安全を確保することになったのであった。

泣く子もだまる信長の軍勢

さて、四月七日に信長といったん和睦した義昭は、同じ年の七月に再び宇治の槇島《まきしま》（真木島）城において反旗をひるがえす。しかし、結局のところ敗北し、ついに京都を追われることになった。

これをきっかけにして「不吉」（『尋憲記』元亀四年二月二十二日条）と信長が主張していた元亀四年も天正元年に改元されるが、その直後の八月には、元亀争乱の中心にいた浅井・朝倉氏も滅亡に追い込まれ、そして、翌天正二年（一五七四）九月には伊勢長島の一向一揆も壊滅させられることになる。

つまり、元亀争乱において信長を苦しめ続けた勢力が天正二年までにはおおよそ掃討されたわけだが、明けて天正三年（一五七五）、そのころの信長やその軍勢に対して京都の人びとがどのような視線を向けていたのかを知る貴重な史料が残されている。

それは、上賀茂社の社司であった岡本保望《もちやす》という人物が、これよりのちの元和《げんな》七年（一六二一）に記した覚え書（『岡本保望上賀茂神社興隆覚』）に見える次のような一節である。

この時分は、みなみな子供まで泣き申しそうろうに、上総殿の衆と申しそうらえば、子供泣きやみ申しそうろうほどに恐がり申しそうろう、

〈この天正三年ころは、子供が泣いていても、信長の軍勢が来たといえば、泣きやむほどにみな怖がった。〉

ここからは、天正三年ころにはまさに泣く子もだまるほどに信長やその軍勢が恐れられ

ていたことがわかる。その背景には、おそらくこれよりわずか二年前の元亀四年におこなわれた洛外放火や上京焼き討ち、そしてそれにともなって繰り広げられた信長の軍勢による乱妨狼藉があったと見て、間違いないであろう。

あるいは、その二年前の元亀二年（一五七一）におこなわれた延暦寺焼き討ちも含めてのことだったのかもしれない。いずれにしても、永禄十一年（一五六八）九月に上洛して以降、わずか数年で信長やその軍勢はこのように京都の人びとから恐れられる存在となったのである。

もっとも、そのように恐れられる存在となったことは、信長やその軍勢のみならず、京都の人びとにとっても、けっしてプラスに働くことはなかったであろう。

なぜなら、戦国時代の京都に生きた人びとがなにより望んでいたこととは、礼銭を支払ってまで禁制を獲得したり、また自ら惣構や釘貫といった防御施設を構えたりすることなどからもわかるように、乱妨狼藉の世界から解き放たれることにほかならなかったからである。

その意味では、信長やその軍勢もまた、それ以前に京都に侵入してきた数多の軍勢と変わることのない、むしろそれ以上に警戒すべき存在として人びとの目に映るようになっていたとすれば、それはお互いにとって不幸といわざるをえないだろう。

もちろん、信長のほうからすれば、乱妨狼藉とはいっても、それは延暦寺大衆や上京など敵と見なした者たちに限定されるのであって、下京など敵対しない者に対してはおこなっていないと考えていたのかもしれない。

しかし、それは信長側の論理、あるいは侍の論理であって、いついかなる理由で敵と見なされてしまうかもしれない人びとにとっては、結局、同じことであったろう。

このように、おそらくは表面的にはわからないところで、信長やその軍勢と京都の人びととのあいだには、埋めることのできない深い溝ができていったと考えられる。そして、その溝を埋めることができないまま、あるいはそれを埋めるいとまもないまま、信長は京都で命を落とすことになる。逆説的な言い方ではあるが、本能寺の変が京都で起こったのには、このようなところにも理由があったように思われる。

終章　信長、京都に死す

上京の再興

元亀《げんき》四年（一五七三）七月に足利義昭《よしあき》を京都から追い落とした直後より、信長は上京《かみぎょう》の再興にとりかかる。

このとき信長が上京に宛てて出した「条々《じょうじょう》」（『上京文書』）には、「陣執免除」（信長の軍勢が陣を構えない）や「非分課役を申し懸くべからず」（不法な賦課をかけない）といった条項が記されている。ここからは、先に下京《しもぎょう》が多額の礼銀を支払って獲得したものと同じ内容を信長が上京にも認めたことがわかる。

また、そのほかにも、下京には認めていなかった「地子《じし》銭《せん》免除」（宅地税の免除）や「人足免許」（力仕事などの労働賦課の免除）といった特権を意味する条項まで、その「条々」には記されている。

このように上京に宛てて出された「条々」からは、焼け野原となってしまった上京を再興するため、信長がまずは町人の「還住《げんじゅう》」（本来の居住地に帰り住むこと）を進めようとしていたことが読みとれる。

一方、このような町人の還住策以外にも信長は、上京において新たな都市開発に取り組んだことも知られている。それが、「新在家《しんざいけ》絹屋《きぬや》町《ちょう》」と呼ばれるもので、同町に宛てて信長が出した「条々」（『上下京《かみしもぎょう》町々《ちょうちょう》古書《こしょ》明細記《めいさいき》』）によれば、その範囲は、天皇の住まう内《だい》裏《り》より「南へ二町、近衛《このえ》を限る、東は高倉を限る、西は烏丸《からすま》を限る、二町」、つまり正方形の碁盤の目の四つ分の広さ＝四町を占めるものであった（地図2）。

興味深いのは、その「条々」には「惣構《そうがまえ》は下京《しもぎょう》に准ずべし」、あるいは「町中《ちょうじゅう》の儀は、おのおのとして法度《はっと》を定め申しつくべき」といった条項も記されている点である。信長が、「新在家絹屋町」に下京を取り囲んでいたのと同じような惣構をつくらせるとともに、町の掟を意味する「法度」も定めさせようとしていたことが知られるからである。

惣構がつくられるという以上、「新在家絹屋町」は個々の町というよりむしろ、上京や下京のような惣町《そうちょう》に近い存在であったことがわかる。いずれにしても、ここからは、信長が上京焼き討ち以降においても、これまでとってきた惣町や町などをとおした洛中《らくちゅう》支配というスタイルを変えていなかったことが知られよう。

順調に進んだ再興

それでは、上京の再興は信長の思惑どおりに進んだのであろうか。この点については、たとえば『信長公記《しんちょうこうき》』巻六に「即時に町々家屋もとのごとく出来《しゅったい》」とあり、すぐに再興が進んだかのように書かれている。しかしこれまでは、どちらかといえばこのことに懐疑的な見方が強かった。

ところが、すでに第三章でもふれたように、焼き討ちからわずか三年後の天正《てんしょう》四年（一五七六）におこなわれた洛中勧進を見ても、焼き討ちの前年、元亀三年（一五七二）の『上下京《かみしもぎょう》御膳方御月《ごぜんかたおんつき》賄《まかない》米寄帳《こめよせちょう》』にその名が見られた上京の町々と同程度、むしろその数においては町が増加していたようすすら確認できる。

つまり、『信長公記』巻六が伝えていることは、事実と見たほうが自然であり、上京の再興は順調に進んだと考えざるをえないだろう。実際、このことは、上京焼き討ちの際に類焼してしまった日蓮宗《にちれんしゅう》（法華宗《ほっけしゅう》）寺院の頂妙《ちょうみょうじ》寺の再興をとおしても確認することができる。

というのも、頂妙寺の住持であった日珖《にちこう》の日記『己行記《こぎょうき》』天正三年（一五七五）条によれば、その年の八月末から九月のはじめにかけておこなわれた学問所や大坊《おおぼう》まわりの築地《ついじ》塀《べい》普請には、「学問所東は立売衆《たちうりしゅう》」「西は新在家衆《しんざいけしゅう》」「北は西陣衆《にしじんしゅう》、大坊東は船橋衆《ふなはししゅう》」といったように、立売町（もしくは立売組）や新在家絹屋町、あるいは川ヨリ西組（西陣組）や船橋（舟橋）町という、いずれも上京に所属する町や町組に住む檀徒たちの参加が確認できるからである。

普請に参加できるという以上、そこにみられる町や町組がある程度、復興していたと考えられる。したがって、天正四年の洛中勧進より一年前には、すでにかなりの数の町人たちが「還住」していたと判断せざるをえないであろう。

惣町・町組・町の結びつき

それではなぜ、このように上京の再興は順調に進んだのであろうか。ひとつには、先の「条々」に見られるような「地子銭免除」や「人足免許」といった特権が、町人たちの「還住」を促したと考えることはできる。

しかし、おそらくそれ以上に重要と思われるのは、天文法華《てんぶんほっけ》の乱後のときと同様、焼き討ち以前に成立していた惣町・町組・町といった社会集団、共同体の結びつきが予想以上に強くなっていたということであろう。

具体的には、焼き討ちの際にあれほど激しい乱妨狼藉《らんぼうろうぜき》が繰り広げられたにもかかわらず、ある一定数の町人たちがそれから逃れ、惣町・町組・町といった結びつきを維持しながら各地に避難していたと考えられるからである。

なぜそのようなことが考えられるのかといえば、その手がかりは、先に見た上京に宛てて出された「条々」が、紙に書かれた文書として伝えられている点にある。というのも、禁制《きんぜい》のときもそうであったように、それが文書である以上、それをうけ取ることのできる集団が存在しなければ、信長もそれに宛てた文書を出すことができなかったと考えられるからである。

逆にそのような集団が存在しなかった場合はどうするのかといえば、おそらく戦乱で荒廃した町場《まちば》や城下町を再興するときにおこなわれたのと同様、「条々」そのものを木札に書き、それを適当な場所に立てて周知させるやり方をとったに違いない。

このようなことから、焼き討ち以前に上京で成立していた惣町・町組・町といった社会集団、共同体は、それがいったん別の場所に避難を余儀なくされたとしても、再び元のところへ戻れば、それ以前と同じような機能を発揮できるほど強い結びつきになっていたことがわかる。

もしそうでなければ、天正四年（一五七六）の段階で、焼き討ち以前と同じ町名の町々をあれほど多く確認することなどできないであろう。つまり、そのような強い結びつきがあったからこそ、応仁・文明の乱後のときとは異なり、再興も順調に進んだと考えられるのである。

なお、新たな都市開発として登場した新在家絹屋町も、もとは「上京白雲絹屋《しらくもきぬや》一町」（『上下京町々古書明細記』）という個々の町であったことが知られている。したがって、焼き討ちの際には、おそらく町としてどこかへ避難し、それに目をつけた信長が「条々」を渡すとともに、新たな都市開発を担わせようとしたのであろう。

いずれにしても、このようにして急ピッチで再興していった結果が、天正四年の洛中勧進で見られた上京の町々にほかならない。また、そのなかの日蓮宗檀徒に限られたものではあるものの、勧進によって集められた銭の額が、下京の三百六十貫文の倍以上にあたる八百七十三貫四百四十五文であったことをふまえるなら、上京の経済力も驚くべき回復を見せていたといわざるをえないであろう。

最後の上洛

ところで、頂妙寺の再興が始められた同じ年の十一月に信長は朝廷より権大納言《ごんのだいなごん》と右《う》近衛大将《このえのたいしょう》（右大将）の官職に任官される（『公卿補任《ぶにん》』）。

これまで、信長はこのような官職にこだわりを見せることもなく、上総介《かずさのすけ》や弾正忠《だんじょうちゅう》といった織田家に伝えられていた官職だけを名乗ってきた。しかし、元亀争乱を切り抜け、そして義昭を追い落とした段階においては、名実ともにその地位にふさわしい官職が求められることになったのであろう。

信長のような侍が権大納言と右大将になったと聞けば、中世の人びとは、おそらくある人物の名を思い浮かべたに違いない。その人物の名とは、すなわち右大将家の名で知られる源頼朝《よりとも》である。あるいは、そこまでさかのぼらなくとも、義昭や義輝《よしてる》の父足利義晴《よしはる》など数人の室町将軍（室町殿《むろまちどの》）の名も浮かんだのかもしれない。いずれにしても、このことからもわかるように、これからあと信長は、頼朝や室町将軍と同じような立場で京都の人びとに臨むことになった。

　そして、その翌年の天正四年（一五七六）に信長は近江国《おうみのくに》に安土城を築き、洛中には二《に》条《じょう》御《ご》新造《しんぞう》（二条殿御屋敷）を造営する。そのうちの二条御新造については、天正七年（一五七九）十一月に誠仁《さねひと》親王に進上してしまうが、その後、天正九年（一五八一）二月に「御座を移」したのが本能寺《ほんのうじ》であった（『信長公記』巻十四）。第一章でもくわしくふれたように、下京の惣構の一角、四《し》条《じょう》坊門西《ぼうもんにし》洞院《のとういん》に所在していた法華宗（日蓮宗）寺院である。

信長はこの本能寺を御座所とするため普請をほどこしたが、その際には、「仏僧を放逐して相当な邸宅」（『フロイス日本史』）にしたという。もっとも、『信長公記』巻十五によれば、寺内には信長の宿所である「御殿」のほかにも「面《おもて》御《み》堂《どう》」もあったとされている。信長が滞在しているとき以外は寺院として使われていたのであろう。

　その本能寺へ向かって信長が最後となる上洛の旅を始めたのは、天正十年（一五八二）五月二十九日のことである。『信長公記』巻十五によれば、このとき信長は「御小姓衆、二、三十人召し列《つら》ねられ、御上洛」したという。

　思い返せば、永禄《えいろく》二年（一五五九）二月に上洛したときでさえ、「御伴衆八十人」（『信長公記』首巻《しゅかん》）であった。そのことをふまえるなら、今回の上洛がきわめて少人数であったことはあきらかである。そのうえ、『信長公記』巻十五には、「今度は御伴これなし」とも見えるので、れっきとした侍たちをともなわない、ほとんど無防備に近い姿だったのだろう。

そのことも関係するのだろうか、山科まで「御迎え」に出てきた吉田兼見《かねみ》（兼和《かねかず》）らに対して信長は、小姓の「御乱《おらん》」（いわゆる森乱丸）を通じて「御迎えおのおの無用」と伝えさせている（『兼見卿記』五月二十九日条）。

もっとも、『兼見卿記』を見てみると、これ以前の上洛の際にも兼見らは何度か出迎え無用との連絡を受けているので（天正七年二月十八日条、同年十一月四日条、天正八年七月十四日条ほか）、上洛のときの人数とはあまり関係がないのかもしれない。

ちなみに、『兼見卿記』によれば、信長が上洛したのは、その日の未《ひつじ》の刻（午後二時ころ）から申《さる》の刻（午後四時ころ）のあいだ、雨の降るなかであったという。

御座所本能寺での雑談

翌六月一日、信長の御座所本能寺へは公家衆が「礼」（あいさつ）をするため多数参上し、信長が彼らと見参《けざん》（対面）したことが、複数の公家の日記から読みとれる。そのようななか、参上した公家衆の名前をくわしく列記しているのが、山科言継《ときつぐ》の息子言経《ときつね》の日記『言経卿記』六月一日条である。

それによれば、このときの「参会衆《さんかいしゅう》」は、近衛前久《さきひさ》・信基《のぶもと》父子、九条兼孝《かねたか》、一条内基《うちもと》、二条昭実《あきざね》、鷹司《たかつかさ》信房《のぶふさ》といった摂家《せっけ》と呼ばれる最上位の公家たちをはじめとして、菊亭《きくてい》（今出川）晴季《はるすえ》、徳大寺公維《きんこれ》といった精華家《せいがけ》も含んだ錚々《そうそう》たる面々であったことがわかる。

天正十年（一五八二）といえば、すでに信長はすべての官職を辞任していた（『公卿補任』）。にもかかわらず、官職や位でいえば信長より上位の公家たちもこぞって「礼」に参上していたことからもわかるように、このころの信長の地位というのは、官職や位といったものさしでは測ることのできないものとなっていた。天下人《てんかびと》という言葉にふさわしい地位にあったといえるのかもしれない。

ところで、『言経卿記』六月一日条によれば、公家衆と信長は、この日、本能寺にて「数刻御雑談《ごぞうだん》」に及んだという。残念ながら、『言経卿記』にはその内容までは記されていないが、幸いその一部がその場にいた公家のひとり、勧修寺《かじゅうじ》晴豊《はれとよ》の日記『日々記《にちにちき》』（『晴豊記』）六月一日条に書きとどめられている。

それによれば、信長はそのなかで「今度《このたび》関東打ち果たしそうろう物語ども申され」たという。この場合の「関東打ち果たし」とは、同じ年の三月におこなわれた甲斐《かい》の武田勝《かつ》頼《より》・信勝《のぶかつ》父子、武田信豊《のぶとよ》らを攻め滅ぼした合戦のことを指す。

合戦そのものは、信長より先に進軍した嫡男信忠《のぶただ》によって決着がつけられたが、信長自身も出陣し、「甲州まで入り」(『晴豊記』三月十一日条)、勝頼・信勝・信豊の首実検《くびじっけん》もしたとされているので、そのような話を語ったのであろう。

また、右のような話のほかにも、「西国手遣い、四日に出陣」と、中国地方へは六月四日に出陣する予定であるとも語っていた。『信長公記』巻十五によれば、信長は「すぐに中国へ御発向《ごはっこう》」するため安土城から上洛してきたようだが、その出発の日取りまで気軽に話していたことが知られる。そのうえ、「手立て造作あるまじ」と、西国での合戦がたやすく終わるであろうとの楽観論も語っていた。

これらの話を聞いた晴豊は、その日記に「なかなか聞きごと」と聞くだけの価値ある話だったと記している。したがって、雑談というわりには、相当興味深い話をあれこれと信長は語ったことがわかる。あるいは信長にしては、いつになくふみ込んだ話まで公家衆に語ったということだったのかもしれない。

このように五月二十九日の上洛から六月一日までの信長のようすを見てみると、いかにも緊張感に欠けるといった印象が拭いきれない。まったくといってよいほど無防備で上洛したうえ、御座所本能寺でも公家衆相手に警戒することなく、これからの合戦のことまでを物語っているからである。

当然のことながら翌日に自らが明智光秀《みつひで》の軍勢に襲われるなどとは夢にも思っていなかったわけだが、この緊張感のなさは、結局、翌二日まで続くことになった。

蚊帳ばかりつられていた本能寺

『信長公記』巻十五によれば、六月二日の早朝、光秀の軍勢が本能寺の「四方より乱れ入」った段階においてもなお、「信長も御小姓衆も」「喧嘩を下々のものども仕出だしそうろう」と、町人たちの喧嘩ぐらいにしか思わなかったという。

信長や小姓たちの頭のなかでは自分たちが襲われているなどとは思いもつかなかったことがわかるが、そのことは、このときの本能寺の警固のありようからもうかがうことができる。というのも、『フロイス日本史』によれば、「明智の軍勢」が本能寺に入ったところ、「内部では、このような叛逆をうたがう気配はなく、御殿には宿泊していた若い武士たちと奉仕する茶坊主と女たち以外にはだれもいなかったので、兵士たちに抵抗するものはいなかった」とあるからである。

このとき「われらの教会」、すなわちイエズス会の教会、南蛮寺《なんばんじ》は「信長の場所から一街をへだてただけのところにあったので」、その証言は至近距離で事件を目のあたりにした人びとの伝聞として傾聴に値する（地図4）。

実際、同様のことは、光秀の軍勢のひとりとして本能寺に入ったとされる本城《ほんじょう》惣右衛《そうえ》門《もん》という人物が書き残した覚書《おぼえがき》（『本城惣右衛門覚書』）でも見ることができる。

その覚書によれば、惣右衛門らが最初に本能寺へ入ったとき、その「門は開いて、ねずみほどなるものなくそうろう」と、無防備にも門は開き、人の気配もなかったという。そのため、さらにその先に進んで「表」（御殿）へ入っていっても「広間にも一人も人なく」、「蚊帳《かや》ばかりつり」、「侍は一人もな」かったという。

「蚊帳ばかり」というところなどは、御殿内ののんきさと季節感も伝えており、興味深いが、いずれにしても、これらのことから、このときの御座所本能寺には事実上、警固がなかったことがあきらかとなろう。

したがって、『フロイス日本史』が伝えているように、「ちょうど手と顔を洗い終え、手拭いで身体をふいている信長をみつけたので、ただちにその背中に矢を放ったところ、信長はその矢を引き抜き、鎌のようなかたちをした長槍である長刀という武器を手にして出てきた」という記事も案外、真実を伝えているのかもしれない。

しかし、このように光秀の軍勢が本能寺に入ってきたと気づいたときには、すべては終わったと信長も観念せざるをえなかったであろう。そして、そのときの信長に残されていたことといえば、『当代記』が伝えているように、自らの首を光秀に渡さないため、「奥の間に入りたまいてのち、焼け死に」「ついに御死骸みえたまわ」ぬようにすること以外、何もなかったのであった。

京都に死す

こうして信長は、京都であっけなく命を落とすことになる。このときなぜ信長が命を落とさなければならなかったのか、この問いに対する人びとの関心は本能寺を襲った光秀の動機やその背景などにその多くが集中している。

もちろんそれらも重要なことではあるが、しかし信長と京都との関係に的を絞ってきた本書としては、むしろこのときなぜ信長が京都において死ななければならなかったのかということに注目する必要があろう。

もっとも、この問いに対する答えは、じつはそれほどむずかしいことではない。なぜなら、御座所の本能寺に信長が六月三日まで滞在していることがあきらかなうえ、その御座所の警固もほとんどなきに等しい状態であったとすれば、光秀でなくとも、信長を討ち果たすこと自体はそれほど困難とはいえなかったからである。

つまるところ、このとき信長が京都で命を落とさなければならなかった理由とは、ひとえに信長自身の無防備さにあったといってよいであろう。実際、この当時からすでに「ひごろの御用心もこの時節、御油断」（『蓮成院記録《れんじょういん》』）とか、「このごろ、天下静謐《せいひつ》の条、御用心なし」（『惟任謀反記《これとう》』）と、記録に残されているぐらいだからである。

このことは逆から見れば、それだけ京都が信長にとって安全な場所と思われていたことを意味する。しかし、それはあくまで信長の認識であって、実際に京都が信長にとって安全な場所であったのかどうかとは別問題であろう。

たとえば、すでに見たように、京都の人びとにとって、信長の存在は、「子供泣きやみ申しそうろうほどに恐がり申しそうろう」（『岡本保望《おかもとともちやす》上賀茂神社興隆覚』）ものであった。またそれは、信長の死を伝える『フロイス日本史』に「われらが知っていることは、その声だけでなく、その名だけで万人を戦慄せしめていた人間が、毛髪といわず、骨といわず、灰燼《かいじん》に帰さざるものはひとつもなく、彼のものとしては地上になんら残存しなかった」と見えるように、本能寺の変が起こったころでも変わることなく、むしろ強くなっていたと考えられる。

もちろん、このように京都の人びとが信長のことを恐れていたからといって、それによって京都が信長にとって危険な場所であったということにはならない。しかし、そのように恐怖に包まれた京都のなかにあって、当の信長が「御油断」の姿をさらけだしているという、このギャップを目のあたりにして、何がしかの野心をもつ人物が心を動かさなかったと考えるほうが不自然であろう。

このときはたまたまその人物が光秀であったが、おそらくわずかの違いによって、第二、第三の光秀になったであろう人物は信長の周辺に数多くいたに違いない。たとえば、のちの史料ではあるが、『三河物語』によれば、本能寺が襲われた際、最初に信長は「城介《じょうのすけ》（織田信忠）が別心《べっしん》か」とのべ、嫡男信忠の裏切りと考えたといわれている。このことなどは、当時の雰囲気をよく伝えているものといえよう。

いずれにしても、このようにして、信長は本拠地の安土城でもなく、また戦場でもない、自らがもっとも安全と思っていたはずの京都で命を落とすことになった。おそらくそれは、信長自身、まったく予期していなかったことだったに違いない。しかしそのように予期しないほどに「御油断」していたからこそ、信長は京都で死ななければならなかったのではないだろうか。

その背景には、元亀争乱以降、身につけていった自らの武力への自信とその武力を後ろ盾とした支配に対する過信というものがあったと思われるが、ただそれによって、もし信長がこれまで京都や京都の人びととのあいだで保ってきた緊張の糸を一瞬なりともゆるめることがあったとするなら、本能寺の変を待たずとも、信長は遅かれ早かれ京都で命を落とすことになったであろう。

その意味では、信長は光秀に殺されたというよりむしろ、京都に殺されたといったほうがよいのではないかと思われるのである。

信長死後の京都

それでは、信長が倒れたあと、京都の人びとはどのような動きを見せたのだろうか。最後にそれをながめて本書のおわりにしたいと思う。

まず本能寺の変の当日から数日のあいだは、「京洛中騒動」（六月二日）、あるいは「洛中騒動斜めならず」（六月三日、四日）と『言経卿記』が伝えているように、洛中は混乱状態に陥っていたことがわかる。

当然のことといえようが、ただその一方で、『兼見卿記』六月六日条によれば、本能寺の変直後に安土へくだっていた光秀に対して、「京都の儀、別儀なきのようかたく申しつく」（京都に支障が起こらないよう尽力するように）との誠仁親王の意向が示され、それを兼見が光秀に伝えるため安土に下向するなど、光秀との接点を模索する動きも見いだすことができる。

そして、その誠仁親王の意向をうけ光秀が六月九日に上洛した際には、「公家衆・摂家・精華、上下京残らず迎えのため白川《しらかわ》・神楽岡《かぐらがおか》あたりにいたりまかり出」（『兼見卿記』六月九日条）たこともわかる。つまり、それ以前に信長が上洛してきたときと同じように、公家衆や上下京の町人たちは光秀に対して出迎えをしていたのであった。

ここからは、京都の人びとが光秀のことを、主君を殺した悪人とはとらえていなかったことがわかる。しかし、それは信長が殺されたことを人びとが歓迎し、そうしていたというわけではない。むしろこれから信長に代わって天下人として京都に臨んでくるであろう光秀とのあいだで新たな関係を取り結ぼうとしていたと見られよう。

ただし、このようなある種の政治的な動きを見せていたのは、公家衆や町人のなかでも惣町や町組を動かすような一部の町人たちだけであって、それ以外の人びとは次のような動きを見せていた。

ものども退《の》け、禁中小屋懸け、いよいよ正体なきこととなり、

〈多くの人びとが禁中（内裏）に逃げこみ、避難小屋を建てて、異常な状況となっている。〉

これは、勧修寺晴豊の日記『日々記』六月四日条に見える記事である。ここからは、信

長が倒れたことによって、再び軍勢が入り乱れ、乱妨狼藉の世界が繰り広げられることを恐れた人びとが、洛中でもっとも安全であった「禁中」(内裏)のなかへと逃げ込み、避難小屋を建てて日々を過ごしていたことがわかる。

『日々記』によれば、その動きは日を追うごとに増大し、二日後の六日条には、「退けもの、数かぎりなし、小屋ども懸けことのほかなり」と、避難してくる人びとも、また避難小屋の数もさらに増えていったようすが読みとれる。

このように、多くの人びとにとって、信長が倒れたこととは、その恐怖からの解放を意味するのではなく、むしろさらなる混乱をもたらしただけであったことがわかる。

これからわずか七日後の六月十三日には、光秀は山崎《やまざき》において信長の三男信孝《のぶたか》や羽柴秀吉らとの合戦にあっけなく敗れ去る。そのことを現代のわれわれは知っていても、この当時の人びとは知るよしもない。

現代人が歴史を見るにあたっては、このような当時の人びとがおかれた状況にどれだけ想像力を働かせることができるのかが大事ではないかと思われるが、そうしてみたとき、戦国時代の京都や京都の人びとにとって、信長がもたらしたものとはいったい何だったのだろうかという思いにかられるのは著者だけだろうか。

乱妨狼藉の世界から逃れるために多くの人びとがとった行動というのが、信長が上洛するより前からそうしていたのと同じように、内裏へ逃げ込み、ただただことの行く末を見守るほかなかったという現実を目のあたりにできるからである。

結局、このような乱妨狼藉の世界からの解放という課題は、次の秀吉の時代にもちこされることになる。「はじめに」でもふれたように、秀吉の時代に京都は空間的にも大きな変化を遂げるが、おそらくそのことも無関係ではないだろう。

そして、町人による自衛・自治のあり方も、また公家衆や寺社の社会も大きく変化を遂げ、戦国時代の京都は大きく次の時代へと移り変わっていくことになる。

略年表（応仁・文明の乱後に絞った。）

西暦	年号	月	京都内でみられた事項	京都外でみられた事項
一四六七	応仁元年	五月	応仁・文明の乱が本格化し、洛中に堀や構が乱立する	
一四九四	明応三年	七月	下京大火事がおこる	
一四九九	明応八年	十月	細川政元の命により京中堀がつくられる	
一五三六	天文五年	七月	天文法華の乱により下京焼亡す	
一五四九	天文十八年	七月	立売四町衆の風流踊が確認される	
一五五〇	天文十九年	閏五月	惣町が町同士の喧嘩を調停する形跡が確認される	
一五五九	永禄二年	二月	信長、はじめて上洛す	
一五六〇	永禄三年	五月		桶狭間合戦
一五六五	永禄八年	五月	足利義輝、三好三人衆らに襲われる	
		六月	日蓮宗寺院による十六本山会合が成立する	
			この年に『上杉本洛中洛外図屏風』が制作される	
一五六八	永禄十一年	九月	信長、義昭とともに上洛す	

一五六九	永禄十二年	正月	三好三人衆が本国寺の義昭を襲う	
		二月	信長、義昭御所の普請をはじめる	
		四月	義昭御所が完成し、信長がはじめて妙覚寺に寄宿する	
一五七〇	永禄十三年（元亀元年）	六月		姉川合戦
		九月～十二月		信長、琵琶湖湖西で浅井・朝倉と対峙し、和睦する
一五七一	元亀二年	七月	上京・下京の風流踊がおこなわれる	
		九月		延暦寺焼き討ち
		十月	内裏御賄のため一町ごとに米五石が貸し付けられる	
一五七二	元亀三年	三月	上京むしやの小路屋敷の築地が普請される	
一五七三	元亀四年（天正元年）	四月	洛外焼き討ち、上京焼き討ち	
		七月	義昭、京都を追われる	
		八月～九月		朝倉・浅井氏が滅亡する
一五七四	天正二年	三月	信長、はじめて相国寺に寄宿する	

一五七五	天正三年	五月		長篠合戦
		十一月	信長、権大納言と右大将に任官する	
一五七六	天正四年	二月		安土築城がはじまる
		五月	二条御新造(二条殿御屋敷)の普請がはじまる	
		十月	洛中勧進がおこなわれる	
一五七七	天正五年	閏七月	信長、二条御新造へ移徙する	
一五七九	天正七年	五月		安土宗論がおこる
		十一月	信長、二条御新造を誠仁親王に進上し妙覚寺へ寄宿する	
一五八〇	天正八年	三月	本能寺で御屋敷普請がはじまる	
一五八二	天正十年	三月		甲斐武田氏が滅亡する
		六月	本能寺の変	山崎合戦

《参考文献》

（おもに一九八〇年代以降のものに絞った。また、論考については論集の書誌を優先した。）

【複数の章にわたるもの】

朝尾直弘『朝尾直弘著作集　第三巻　将軍権力の創出』岩波書店、二〇〇四年
今谷明『戦国時代の貴族』講談社学術文庫、二〇〇二年
奥野高廣『増訂織田信長文書の研究』上巻・下巻・補遺・索引、吉川弘文館、一九八八年
河内将芳『中世京都の民衆と社会』思文閣出版、二〇〇〇年
河内将芳『中世京都の都市と宗教』思文閣出版、二〇〇六年
河内将芳『戦国仏教と京都』法藏館、二〇一九年
川嶋將生『中世京都文化の周縁』思文閣出版、一九九二年
京都市編『京都の歴史　4　桃山の開花』学芸書林、一九六九年
清水克行『室町社会の騒擾と秩序』吉川弘文館、二〇〇四年
瀬田勝哉『[増補] 洛中洛外の群像』平凡社ライブラリー、二〇〇九年
高橋康夫『京都中世都市史研究』思文閣出版、一九八三年
高橋康夫『海の「京都」』京都大学学術出版会、二〇一五年
仁木宏『空間・公・共同体』青木書店、一九九七年
仁木宏『京都の都市共同体と権力』思文閣出版、二〇一〇年

早島大祐『首都の経済と室町幕府』吉川弘文館、二〇〇六年
藤井学『本能寺と信長』思文閣出版、二〇〇三年
水本邦彦『徳川の国家デザイン』小学館、二〇〇八年
脇田修『織田信長』中公新書、一九八七年

【第一章】

相田二郎『中世の関所』吉川弘文館、一九八三年
網野善彦『日本中世都市の世界』ちくま学芸文庫、二〇〇一年
河内将芳『祇園祭の中世』思文閣出版、二〇一二年
京樂真帆子『平安京都市社会史の研究』塙書房、二〇〇八年
『京都市文化財ブックス第二〇集　京の城』京都市、二〇〇六年
小泉義博「洛中洛外図屏風の農作業風景」『日本史研究』三三七、一九九〇年
小島道裕『描かれた戦国の京都』吉川弘文館、二〇〇九年
下坂守「古都炎上」『図説京都ルネサンス』河出書房新社、一九九四年
下坂守『中世寺院社会と民衆』思文閣出版、二〇一四年
下坂守「京都の復興」『近世風俗図譜 3 洛中洛外（一）』小学館、一九八三年
高橋慎一朗『中世の都市と武士』吉川弘文館、一九九六年
高橋慎一朗『日本中世の権力と寺院』吉川弘文館、二〇一六年

高橋康夫『海の「京都」』京都大学学術出版会、二〇一五年
田坂泰之「室町期京都の都市空間と武家」『日本史研究』四三六、一九九八年
東島誠『公共圏の歴史的創造』東京大学出版会、二〇〇〇年
福島克彦「「惣構」の展開と御土居」『都市　前近代都市論の射程』青木書店、二〇〇二年
細川武稔『京都の寺社と室町幕府』吉川弘文館、二〇一〇年
三枝暁子『比叡山と室町幕府』東京大学出版会、二〇一一年
桃崎有一郎『中世京都の空間構造と礼節体系』思文閣出版、二〇一〇年
山本雅和「中世京都の堀について」『研究紀要（京都市埋蔵文化財研究所）』二、一九九五年
山本雅和「中世京都の街路と街区」『都市　前近代都市論の射程』青木書店、二〇〇二年

【第二章】

秋山國三『近世京都町組発達史』法政大学出版局、一九八〇年
朝尾直弘『朝尾直弘著作集　第六巻　近世都市論』岩波書店、二〇〇四年
今谷明『戦国期の室町幕府』講談社学術文庫、二〇〇六年
鎌田道隆『近世京都の都市と民衆』思文閣出版、二〇〇〇年
杉森哲也『近世京都の都市と社会』東京大学出版会、二〇〇八年
高橋康夫『京町家・千年のあゆみ』学芸出版社、二〇〇一年
林屋辰三郎『町衆』中公文庫、一九九〇年

早島大祐「織田信長の畿内支配」『日本史研究』五六五、二〇〇九年
牧知宏「近世京都における都市秩序の変容」『日本史研究』五五四、二〇〇八年
牧知宏「近世都市京都における《惣町》の位置」『新しい歴史学のために』二七五、二〇〇九年
牧知宏「近世前・中期京都における都市行政の展開」『史林』九三—二、二〇一〇年
安国良一「京都の都市社会と町の自治」『町内会の研究』御茶の水書房、一九八九年
安田次郎『中世の奈良』吉川弘文館、一九九八年

【第三章】

天野忠幸「三好氏と戦国期の法華宗教団」『市大日本史』一三、二〇一〇年
天野忠幸『増補版　戦国期三好政権の研究』清文堂、二〇一五年
今谷明『天文法華一揆』洋泉社MC新書、二〇〇九年
河内将芳「中世史部会共同研究報告を聞いて」『日本史研究』四八九、二〇〇三年
河内将芳『祇園祭と戦国京都』角川叢書、二〇〇七年
桜井英治「早島報告コメント」『日本史研究』四八七、二〇〇三年
田中浩司「日本中世における銭の社会的機能をめぐって」『能ヶ谷出土銭調査報告書』一九九六年
谷口克広『信長の天下布武への道』吉川弘文館、二〇〇六年
中尾堯『日蓮信仰の系譜と儀礼』吉川弘文館、一九九九年

中尾堯『日蓮真蹟遺文と寺院文書』吉川弘文館、二〇〇二年
『日蓮と法華の名宝』京都国立博物館、二〇〇九年
藤井学『法華文化の展開』法藏館、二〇〇二年
藤井学『法華衆と町衆』法藏館、二〇〇三年
古川元也「天正四年の洛中勧進」『古文書研究』三六、一九九二年
堀新『天下統一から鎖国へ』吉川弘文館、二〇一〇年
湯浅治久『戦国仏教』吉川弘文館、二〇二〇年
立正大学日蓮教学研究所編『日蓮教団全史 上』平楽寺書店、一九六四年

【第四章】

朝尾直弘『朝尾直弘著作集 第四巻 豊臣・徳川の政治権力』岩波書店、二〇〇四年
今谷明「信長の本能寺〝御殿〟について」『王権と都市』思文閣出版、二〇〇八年
奥野高廣『足利義昭』吉川弘文館、一九九〇年
榎原雅治『中世の東海道をゆく』中公新書、二〇〇八年
片山正彦『豊臣政権の東国政策と徳川氏』思文閣出版、二〇一七年
河内将芳『秀吉の大仏造立』法藏館、二〇〇八年
小島道裕『信長とは何か』講談社選書メチエ、二〇〇六年
五島邦治『京都町共同体成立史の研究』岩田書院、二〇〇四年

下坂守『中世寺院社会と民衆』思文閣出版、二〇一四年
藤木久志『雑兵たちの戦場』朝日選書、二〇〇五年
藤木久志『飢餓と戦争の戦国を行く』朝日選書、二〇〇一年
横田冬彦「城郭と権威」『岩波講座日本通史 第11巻 近世1』一九九三年

【終 章】

岩沢愿彦「本能寺の変拾遺」『織田政権の研究』吉川弘文館、一九八五年
小島道裕『戦国・織豊期の都市と地域』青史出版、二〇〇五年
高橋康夫『洛中洛外』平凡社、一九八八年
立花京子『信長権力と朝廷 第二版』岩田書院、二〇〇二年
谷口克広『検証本能寺の変』吉川弘文館、二〇〇七年
仁木宏「美濃加納楽市令の再検討」『日本史研究』五五七、二〇〇九年
橋本政宣『近世公家社会の研究』吉川弘文館、二〇〇二年
藤田達生『証言本能寺の変』八木書店、二〇一〇年
古川元也「京都新在家の形成と法華宗檀徒の構造」『中世の寺院体制と社会』吉川弘文館、二〇〇二年
三鬼清一郎『織豊期の国家と秩序』青史出版、二〇一二年

あとがき

著者は、これまで織田信長について専門的に勉強してきたわけではない。また、戦国時代の京都についても少しずつ勉強はしてきたものの、研究の最前線にいるというにはほど遠い。むしろいちばん後ろのほうを歩きながら、落ち穂拾いを続けているというのが実情といえる。

そのような人間が、本書のような書籍を刊行する機会を得たのは、ひとえに洋泉社の渡邊秀樹氏からのお声がかりによる。これまで出版社の方から声をかけていただく経験などほとんどなかったため興奮のあまり、清水の舞台から飛び降りる気で書いてしまったのが本書である。研究の最前線で切磋琢磨されている方々には、なにとぞこの点をご理解いただければ幸いに思う。

管見のかぎり、また紙幅の許すかぎり、参考文献として先行研究をあげさせていただいたが、不十分なことはこのうえない。ひとえにそれは著者の勉強不足のなせるわざであり、ぜひともご叱正をいただくとともに、ご教示もいただければ幸いに思う。

ところで、本書を書かせていただくにあたって、にわか勉強ながらも、戦後の織田信長や信長政権にかかわる先行研究をざっとながめる機会も得た。すると、戦後の研究の多くが、被支配者層との厳しい緊張関係のなかで苦闘する信長の姿に注視していたことに多少なりとも気づくことができたように思われる。

もちろんこれは、信長に限らず、歴史上の権力者を見ていくうえでは重要な視角であるが、近年の信長や信長政権を対象とした研究では、どちらかといえば、やや後景に退いているようにも思われる。

おそらくそれは、現在の研究状況が次の段階に進んでいることを表しているのだろうが、著者としては、そのような最前線の研究成果から多くのことを学ばせていただきつつも、じつのところかつての視角にも惹かれ続けたというのが正直なところである。もし本書にどこかノスタルジックなところがあるとするなら、それは、このようなところに理由があるのかもしれない。

本書を書かせていただくちょうど一年ほど前に、今谷明氏の名著『天文法華の乱——武装する町衆』（平凡社、一九八九年）の復刻版にあたる『天文法華一揆——武装する町衆』（洋泉社MC新書、二〇〇九年）の解説を書く機会をいただいた。本書は、そのご縁によるお声がかりで日の目を見ることになったものである。

貴重なご縁を生かすことができたのかどうかは、はなはだ心許ないかぎりではあるが、ご縁をいただいた多くの方々に感謝の言葉を捧げるとともに、少しでもお返しができるようこれからも精進することを誓って本書のあとがきにしたいと思う。

二〇一〇年七月七日

河内将芳

文庫版あとがき

本書は二〇一〇年に洋泉社歴史新書yの一冊として刊行された『信長が見た戦国京都』を文庫化したものである。十年前の本が装いも新たに日の目をみることになったのは、ひとえに丸山貴久氏ならびに法藏館のご尽力による。心より感謝申し上げたいと思う。

本書のもとになった新書は、おそらく著者にとって最初にして最後の新書になるであろうものだが、十年前といえば、各出版社から新書が続々と創刊されていたころと記憶する。洋泉社でも歴史系新書の企画が立ち上がり、どのようないきさつがあったのかまでは知るよしもないが、当時、同社に在籍されていた渡邉秀樹氏からお声かけいただき、できあがったのが本書の新書版であった。

京都駅に隣接するホテルの喫茶室でお話をうかがったときには、当時まだ断続的にしか放送されていなかったＮＨＫの「ブラタモリ」のように、戦国時代の京都を歩くといった内容がもとめられていたように思う。ところが、できあがったものといえば、それとはほど遠い内容となり、申しわけなく思ったことも記憶している。

その後、吉川弘文館より『歴史の旅　戦国時代の京都を歩く』（二〇一四年）を出させていただき、ようやく戦国時代の京都を歩くといった内容を書くことになったが、これまた硬質な文章のオンパレードとなり、いまだにご迷惑をかけつづける結果になっている。

要するに著者は、読みやすい文章や流れるような文章を書く能力に欠けている。もっとも、その読みやすくないところが逆に功を奏したのであろうか、本書の新書版は学術書などにも引用される機会を得、そのこともあって、今回、法蔵館文庫の仲間入りをさせていただく好運にめぐまれた。

文庫化するにあたっては、あきらかな誤りや文意のとおらないところなどについて修正を加えたものの、内容そのものについては手を加えてはいない。その内容に関して、新書版以来、一貫してこだわりつづけているのが、書名とは真逆になるのだが、信長のような権力者側からものごとをみるのではなく、支配の対象となる人びと、とりわけ名前も残されていないような人びとにどれだけ近づくことができるのかという点となる。

おそらくそうでなければ、『信長公記』（『信長記』）巻六では「上京御放火そうろう」と、ひとことだけしか書かれていない上京焼き討ちがいかに悲惨なものだったのか、あるいはまた、そこからの上京復興がいかに早いものであったのかということにも目がむくことはなかったであろう。

ところで、現代日本においては、戦国時代のように合戦がおこなわれることはもちろんないが、災害列島の名前のとおり、地震や水害など自然災害によって町や村が壊滅的被害をうけるようすを目にしない年はない。また、その後の復興に人びとが苦心しているようすを見聞きすることもあたりまえのようになっている。

道路や建物など、外見からはもとどおりに復興したようにみえても、そこに人のすがたやつながりがみられないというのがもっとも深刻な問題なのだろう。町や村の復興とは、つまるところ、人びととの結びつきやつながりの復興にほかならないわけだが、そのことは、上京焼き討ち後の復興のようすからもあきらかといえるのではないだろうか。

なお、本書では、信長の伝記として知られる『信長公記』を随所でつかったが、上京焼き討ちに関する記事の短さからもうかがえるように、その書き手と読み手の関心がともに侍たちの生死をめぐるエピソードにかたよっていることを実感せざるをえない。

そのため、京都での信長の宿所については、あらためて『信長公記』にたよらず、同時代の史料に依拠してたどってみる作業を『宿所の変遷からみる　信長と京都』（淡交社、二〇一八年）においておこなってみた。その結果、『信長公記』では読みとれない、京都と信長の関係の一端にもふれることができたように思われるが、これもまた、そのきっかけは本書にあったといえよう。

このように、本書を出発点として著者の関心も、狭いながらも、少しずつ深くなりつつある。そして、ここ最近は信長の宿所だけではなく、その家臣たちの宿所についても目をくばるようにしている。

信長がみずからの城や屋敷を京都にもたなかったため、家臣たちも町屋へ寄宿しているようすが史料からは読みとれる。もっとも、著者が知りたいのは、家臣たちのことではない。むしろ彼らに寄宿される町屋やその住人たちのほうである。その実態とはどのようなものだったのだろうか。寄宿である以上、住人にとっては迷惑このうえないことにちがいなかったのだろうが、その生の声を少しでも聞きとっていくことができればと願っている。これもまた、だれも見向きもしないような、些末な関心といわざるをえないが、それでもわずかずつでもかたちにする努力をつづけることで、本書が著者にとって最初にして最後の文庫とならぬようにしていきたいと思う。

二〇二〇年七月七日

河内将芳

本書は二〇一九〜二二年度日本学術振興会科学研究助成事業・基盤研究C・課題番号一九K〇〇九六七の研究成果の一部である。

河内将芳（かわうち　まさよし）
1963年生まれ。京都大学大学院博士課程修了。京都大学博士（人間・環境学）。奈良大学文学部教授。主な著書に『中世京都の民衆と社会』（思文閣出版）、『戦国京都の大路小路』（戎光祥出版）、『宿所の変遷からみる　信長と京都』（淡交社）、『戦国仏教と京都』（法藏館）などがある。

信長《のぶなが》が見《み》た戦国京都《せんごくきょうと》
城塞《じょうさい》に囲《かこ》まれた異貌《いぼう》の都《みやこ》

二〇二〇年　九月一五日　初版第一刷発行

著　者　河内将芳
発行者　西村明高
発行所　株式会社法藏館
京都市下京区正面通烏丸東入
郵便番号　六〇〇-八一五三
電話　〇七五-三四三-〇〇三〇（編集）
〇七五-三四三-五六五六（営業）

装幀者　熊谷博人
印刷・製本　中村印刷株式会社

ISBN 978-4-8318-2614-5 C1121

法蔵館文庫既刊より

さ-1-1
増補 いざなぎ流 祭文と儀礼
斎藤英喜 著
高知県旧物部村に伝わる民間信仰・いざなぎ流。中尾計佐清太夫に密着し、十五年にわたるフィールドワークによってその祭文・神楽・儀礼を解明
1500円

キ-1-1
老年の豊かさについて
キケロ 著
八木誠一
八木綾子 訳
老人にはすることがない、体力がない、楽しみがない、死が近い。キケロはこれらの悲観的通念を吹き飛ばす。人々に力を与え、二千年読み継がれてきた名著。
800円

た-1-1
仏性とは何か
高崎直道 著
「一切衆生悉有仏性」。はたして、すべての人にほとけになれる本性が具わっているのか。日本仏教に根本的な影響を及ぼした仏性思想を明快に解き明かす。
1200円

さ-2-1
アマテラスの変貌
中世神仏交渉史の視座
佐藤弘夫 著
童子・男神・女神へと変貌するアマテラスを手掛かりに中世の民衆が直面していたイデオロギー的呪縛の構造を抉りだし、新たな宗教コスモロジー論の構築を促す。
1200円

て-1-1
正法眼蔵を読む
寺田透 著
さまざまな道元論を世に問い、その思想の核心に迫った著者による「語る言葉（パロール）」と「書く言葉（エクリチュール）」の「講読体書き下ろし」の読解書。
1800円

い-1-1

地獄

石田瑞麿著

古代インドで発祥し、中国を経て、日本へとやってきた「地獄」。その歴史と、対概念として浮上することとなった「極楽」の歴史を詳細に論じた恰好の概説書。

1200円

く-1-1

王法と仏法

中世史の構図

黒田俊雄著

強靭な論理力と斬新な学説で中世史の構図を一変させ、「武士中心史観」にもとづく中世理解に鋭く修正を迫った黒田史学。その精髄を示す論考を収めた不朽の名著。

1200円

な-1-1

折口信夫の戦後天皇論

中村生雄著

戦後「神」から「人間」となった天皇に、折口信夫はいかなる可能性を見出そうとしていたのか。折口学の深淵へ分け入り、折口理解の新地平を切り拓いた労作。

1300円

あ-1-1

禅仏教とは何か

秋月龍珉著

仏教の根本義から、臨済宗・曹洞宗の日本禅二大派の思想と実践までを体系的に叙述。難解なその内容を、禅の第一人者が簡潔にわかりやすくあらわした入門書の傑作。

1100円

ほ-1-1

増補

宗教者ウィトゲンシュタイン

星川啓慈著

ひとつの孤独な魂が、強靭な理性と「神との和解」のはざまで悩みぬく。新発掘の二つの『日記』等をめぐる考察を縦横にもりこんだ、宗教学からの独創的アプローチ！

1000円

ア-1-1・2

評伝 J・G・フレイザー

その生涯と業績 上・下（全二冊）

R・アッカーマン著

小松和彦監修

玉井 暲監訳

大著『金枝篇』で世界に衝撃を与えた人類学者の画期的評伝。研究一筋の風変わりな日常から、出版をめぐる人間模様、悪妻とも評された妻との結婚生活まで。未公開書簡や日記も満載。

各1700円

い-2-1

アニミズム時代

岩田慶治著

森羅万象のなかにカミを経験する。その経験の場とは。アニミズムそしてシンクロニシティ空間によって自然との共生の方法を説く、岩田アニミズム論の名著を文庫化。

1200円

か-1-1

信長が見た戦国京都

城塞に囲まれた異貌の都

河内将芳著

同時代史料から、「町」が社会集団として成熟していくさまや、戦国京都が辿った激動の軌跡を尋ね、都市民らの視線を通して信長と京都の関係を捉え直した斬新な戦国都市論！

900円